# Manege frei!

## Wir machen unseren eigenen CIRCUS

Text und Redaktion
Johannes Warth
Zeichnungen
Karl Warth

1. 2. 3. Auflage/Jahr 93 92 91

Umschlag: A. Czerwonka, Reichertshausen/Ilm
Druck: Druckerei Fritz Steinmeier, Nördlingen
Printed in Germany

ISBN 3-89387-163-2

Dieses Buch gehört:

# Inhaltsverzeichnis

Einleitung .......................................... 7

Tips ..................................................... 9

A – wie Aufräumen .................. 11-14
A – wie Akrobatik ...................... 15-20

B – wie Balancieren ...................... 21

C – wie Clowns ........................ 22-29

D – wie Drehrolle ..................... 30-31
D – wie Direktor ............................ 32

E – wie Einradfahren ............... 33-35

F – wic Flaschcnlaufcn ................ 36
F – wie Faßlaufen ......................... 37

G – wie Grimassenschneiden ....... 38

H – wie Handstand ....................... 39

I – wie Instrument .................. 40-42

J – wie Jonglieren ................... 43-48

K – wie Kasse ................................ 49
K – wie Kraftmensch ..................... 50
K – wie Kugellaufen ...................... 51
K – wie Kostüme ...................... 52-56
L – wie Löwendressur .................. 57

M – wie Musik ................................ 58
M – wie Marionette ................. 59-60
M – wie Manege ............................ 61
M – wie Manegenteppich ............. 62

N – wie Namen ............................. 63

O – wie Originaltrick ..................... 64

# INHALTSVERZEICHNIS


P – wie **P**rogrammheft .................. 65
P – wie **P**ferdedressur .............. 66-67
P – wie **P**opcorn ...................... 68-69
P – wie **P**lakat ............................... 70

Q – wie **Q**uarkspeise ..................... 71

R – wie **R**ola Rola .................... 72-73
R – wie **R**equisiteure ..................... 74

S – wie **S**eillaufen .................... 75-77
S – wie **S**tuhllaufen ....................... 78

T – wie **T**ütentrick .......................... 79
T – wie **T**ellerdrehen ..................... 80

U – wie **U**mzug .............................. 81

V – wie **V**orhang ...................... 82-84

Woher kommt der Circus? ......... 85-86

X – wie **X**ylophon ........................... 87

Y – wie **Y**o-Yo ................................ 88

Z – wie **Z**aubern ...................... 89-91
Z – wie **Z**igarrenkisten ............. 92-93

Adressen .................................... 94-95

# EINLEITUNG

Lieber Leser!

Dieses Buch soll dir Anregungen und Tips geben, in die Welt des Circus einzusteigen. Es stellt eine Mischung aus Circustechniken, Spielanleitungen, Gestaltung und Geschichte dar. Bei jedem Kapitel wäre noch vieles hinzuzufügen oder anzumerken. Wir vertrauen jedoch auf deine eigene Kreativität und Phantasie.

Circus
KINDER
CIRCUS

**Diese Tips solltest du vorher unbedingt lesen:**

1. Circusspielen soll Freude machen und keine Pflichtübung sein.
2. Manche Techniken fallen dir bestimmt auf Anhieb leicht, andere wiederum sehr schwer. Gehe alles in Ruhe an, nichts vom Zaun brechen.
3. Beim Üben immer wieder mal eine Pause einlegen.
4. Am meisten Spaß macht es, wenn du mit deinen Freunden oder Geschwistern Circus spielst. Manche Nummern kannst du auch gar nicht alleine machen.
5.  Wenn du auf einer Seite dieses Zeichen siehst, dann solltest du die Übung nicht ohne Hilfe von Erwachsenen durchführen (= Hilfestellung).
6. Körperliche und akrobatische Übungen solltest du auf einer weichen Unterlage ausprobieren.
7. Ab Seite 94 findest du Adressen, wo du Circusliteratur und Circusbedarf bekommen kannst.

Und nun,
viel Spaß
und Manege frei!

# A – WIE AUFWÄRMEN

Bevor du anfängst, Tricks oder Kunststücke zu üben, solltest du dich zuerst einmal richtig in Schwung bringen. Vor allem bei akrobatischen Übungen sollte dein Körper richtig warm sein. Ziehe dir dazu lockere Trainingskleidung und Gymnastikschuhe an. Nun brauchst du noch einen freien Platz, eine weiche Unterlage, und es kann losgehen.

**Übung 1**

Zuerst strecke und recke dich mal kräftig, damit die letzte Müdigkeit entweicht. Denn beim Circus solltest du ganz wach sein.

**Übung 2**

Nachdem du nun richtig aufgewacht bist, stelle dich auf deine Zehenspitzen, und laufe so herum. Mache dich so groß wie nur möglich, und zähle dabei bis 30.

**Übung 4**

Als nächstes hüpfe auf der Stelle hoch und runter. Dabei darfst du ruhig ins Schwitzen kommen.

**Übung 3**

... 28, 29, 30. Puh, ganz schön anstrengend, was? Aber jetzt wird's noch besser. Gehe in die Hocke, und laufe nochmal herum. Dieses Mal reicht es aber, wenn du bis 20 zählst.

(5)

**Übung 5**

Strecke nun deine Arme zur Seite, und beginne damit, ganz kleine Kreise nach vorne zu machen. Die Kreise werden dann immer größer, bis es nicht mehr weitergeht. Mache diese Übung dreimal, und wechsle dann die Drehrichtung.

**Übung 6**

Stelle dich locker hin, und beginne damit, deine Hüfte zu drehen. Versuche dabei, den Oberkörper ruhig zu halten. Wenn es klappt, dann drehe dich in die andere Richtung.

(6)

## Übung 7

Lege dich auf den Rücken, und ziehe die Knie an. Überkreuze nun ein Bein mit dem anderen. Nimm die Hände verschränkt in den Nacken, komm dann mit der Stirn zum Knie und lege dich dann wieder zurück. Mache diese Übung fünfmal, wechsle dann das verschränkte Bein und wiederhole die Übung.

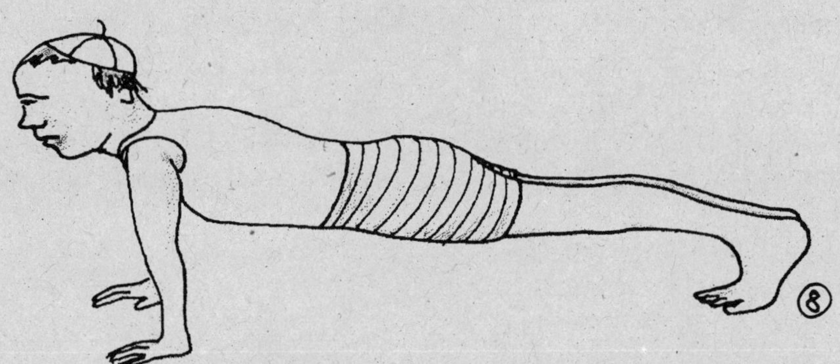

## Übung 8

Zum Schluß noch eine spezielle Kraftübung. Bestimmt kennst du sie schon: Liegestützen! Lege dich auf den Bauch. Strecke die Beine aus, und hebe den gestreckten Körper mit den Händen nach oben. Laß den Körper wieder sinken, aber nicht mehr den Boden berühren, sondern halte den Körper in der Luft, und drücke ihn dann wieder hoch. Wiederhole das Ganze, bis du nicht mehr kannst (mindestens aber dreimal).

# A – WIE AKROBATIK

Akrobatik ist die Kunst, überdurchschnittliche Geschicklichkeit und Körperbeherrschung zu vollführen.

Die folgenden akrobatischen Übungen sind Übungen für zwei bis drei Personen. Suche dir deshalb ein paar Freunde für die folgenden Nummern.

Bei der Akrobatik zu zweit gibt es meistens eine Ober- und eine Unterperson. In der Fachsprache heißen sie Ober- und Untermann. Achte darauf, daß der Obermann leichter ist als der Untermann, da der Untermann den Obermann meist hebt oder hält.

**Wichtig**

1. Vorher gut aufwärmen.
2. Immer mit voller Konzentration üben, lieber mal eine kleine Pause einlegen.
3. Beim Üben immer Augenkontakt halten.
4. Nicht verkrampfen, immer ganz locker bleiben.
5. Akrobatik nur mit Hilfestellung üben.

**Grundübungen zu Partnerakrobatik**

1. Stellt euch voreinander auf, und haltet euch an den Händen. Am besten nehmt ihr euch im Akrobatengriff (siehe Abb.). Stellt euch nun soweit auseinander, daß eure Hände sich in ausgestrecktem Zustand gerade noch erreichen. Setzt euch jetzt mit ausgestreckten Armen nach hinten ab und wieder auf. Wiederholt diese Übung, bis sie gut klappt.

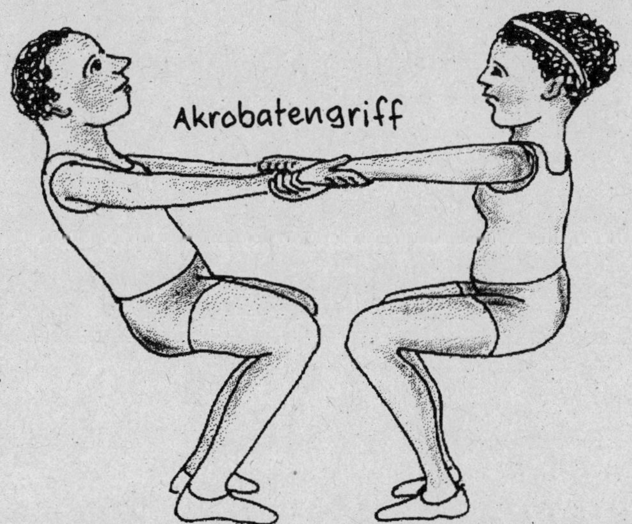

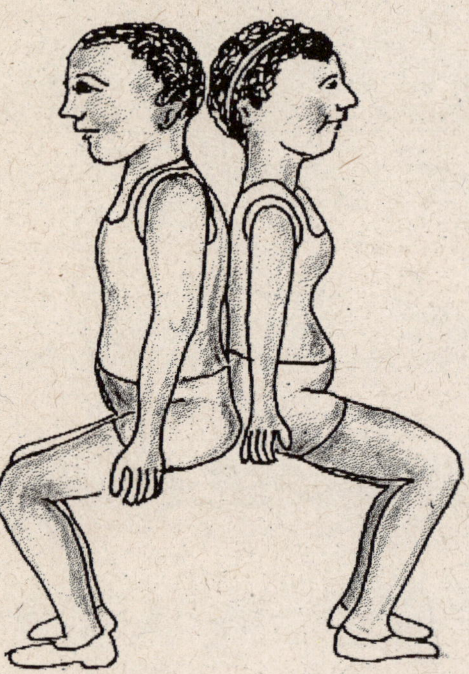

2. Stellt euch Rücken an Rücken auf. Dabei sind die Beine etwas nach vorne gestellt. Nun setzt euch hin, und steht dann wieder auf. Hier ist es ganz wichtig, daß ihr gleichmäßig und locker zusammenarbeitet.

**So, nun aber geht's los:**

Bei den folgenden Übungen wird der Obermann mit O und der Untermann mit U bezeichnet.

**Übung 1 – Der Rückenstand**

U geht in Bankstellung (siehe Abb.), und O stellt sich von hinten auf den Rücken von U.

Hilfestellung steht hinter O und hält zur Sicherheit die Hüften von O fest.

②

## Übung 2 – Der Brust-Rückenstand

U geht in Bankstellung. O stellt sich neben U und greift mit den Händen unter U, so daß seine Brust auf dem Rücken von U aufliegt. Nun schwingt sich O nach oben und klammert sich dabei am Bauch von U fest. Dabei sind die Beine ganz gestreckt und zusammengepreßt.

Hilfestellung steht auf der anderen Seite und verhindert ein Überkippen von O.

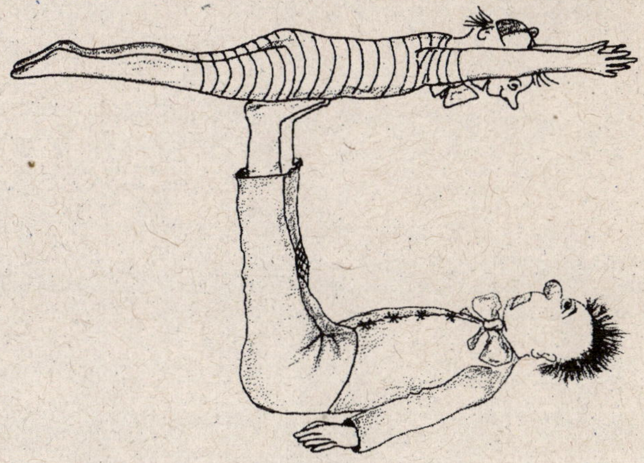

## Übung 3 – Der Flieger ③

U legt sich auf den Rücken und hebt die Beine in die Luft. O stellt sich an den Po von U, hält dessen Beine an den Fesseln fest und setzt sie bei sich neben die Hüftknochen. Dann halten sich O und U an den Händen. U drückt dabei O nach oben. Danach läßt O die Hände von U los.

**Wichtig**
O muß sein Gewicht auf die Beine geben und während der ganzen Übung die Spannung halten. Beine und Hände so kräftig wie möglich nach oben drükken.

Hilfestellung steht seitlich und verhindert ein seitliches Abfallen von O.

**Übung 4 – Der Knie-Schulterstand**

U liegt mit dem Rücken auf dem Boden und hat die Beine angewinkelt. Die Beine von U sind leicht gegrätscht, und O stellt sich dazwischen. Jetzt hält sich O von hinten an den Knien von U fest und läßt sich nach vorne in die nach oben gestreckten Arme von U ab. Die Daumen von U liegen dabei am Zeigefinger an.

**Wichtig**
Die Arme von U und O müssen völlig durchgestreckt sein.

Nun springt O mit den Beinen nach oben, wobei seine Hände weiterhin die Knie von U festhalten und die Arme von U und O durchgestreckt bleiben.

Hilfestellung steht am Kopf von U und verhindert ein Überkippen von O.

## Übung 5 – Die Fahne

O und U stehen voreinander und halten sich im Akrobatengriff. U steht in normaler Standposition und drückt die Knie zusammen. O stellt ein Bein ausgedreht auf die Knie von U, so daß die Innenseite des Beines nach oben zeigt. Die Arme von O sind dabei völlig durchgestreckt. Jetzt zieht U durch langsames Zurücklehnen und dabei Durchstrecken der Arme O nach oben.

**Wichtig**
Alles schön langsam machen – keine ruckartigen Bewegungen.

Nun nimmt O das andere Bein, führt es zum Kopf von U und hängt es mit dem Fußrücken im Genick von U ein. Beide Beine von O müssen durchgestreckt sein. Wenn ihr ein gutes Standgefühl habt, könnt ihr noch die Hände loslassen.

⑤

Hilfestellung stellt sich hinter O auf und stützt O vor Rücksturz.

**Übung 6 – Die Pyramide**

Hierfür solltet ihr zu dritt sein. Die zwei Kräftigeren stellen sich als U1 und U2 in gegrätschter Position nebeneinander auf. O stellt sich in die Mitte hinter den beiden auf. O hält sich mit den Armen an den Schultern von U1 und U2 fest und gibt folgendes Kommando: „Und Hopp". Bei dem Wort „und" steigt O mit einem Bein bei U1 unterhalb des Hüftknochens aufs Bein. Dabei gehen U1 und U2 in die Knie. Dann folgt das Wort „Hopp", worauf O auch das andere Bein bei U2 aufstellt. O richtet sich nun auf und kann seine Hände zur Seite strecken.

**Achtung**

- Immer nach vorne abgehen.
- U1 und U2 halten die Unterschenkel von O von hinten fest.
- Nicht auf die Oberschenkel stellen.

Hilfestellung steht hinter O.

# B – WIE BALANCIEREN

Nimm einen Stab oder Besen zur Hand, und versuche ihn auf deinem Finger zu balancieren. Wichtig dabei ist, daß deine Augen immer auf das obere Ende gerichtet sind und du so wenig wie möglich mit dem Stab wackelst. Wenn es klappt, kannst du versuchen, immer kleinere Gegenstände zu nehmen (kleinere sind nämlich schwerer zu balancieren).

Als Variation kannst du die Balanciergeräte von einer Hand zur anderen Hand hüpfen lassen.

Als absoluten Höhepunkt versuche, die Gegenstände auf deinem Kinn zu balancieren. Auch hier sollten die Augen immer auf das obere Ende gerichtet sein.

# C – wie Clowns

Der Weißclown

„Was wäre der Circus ohne die Clowns? Er wäre wie ein Schiff ohne Segel.“

**Anton Cuc**

Vor ein paar Hundert Jahren hießen die Clowns bei uns Hanswurst, Narr oder Possenreißer. Das Wort Clown kommt aus dem Englischen und bedeutet soviel wie Bauer, Tölpel oder Rüpel.

Im heutigen Circus findest du meistens folgende Clownstypen:

**Das klassische Clowntrio**

1. **Der Weißclown** ist der strenge Allwissende. Er ist es auch, der die beiden anderen immer kritisiert und zurechtweist.
2. **Der August** ist der schelmische, gerissene Clown. Er versucht den Dummen August hereinzulegen.
3. **Der Dumme August** ist der dumme Clown. Ihm gelingt nichts – er macht alles falsch. Er ist es, der für die Einfälle des Augusts herhalten muß.

Diese drei Clowns führen meist kleinere Geschichten auf. Hier ein kleines Beispiel:

August und Dummer August kommen in die Manege. (August hält ein Glas Wasser in der Hand.)

**August:** „Kannst du wie ich ein Glas Wasser auf deiner Stirn balancieren?"

Er führt es vor.

**Dummer A:** „Natürlich kann ich ein Glas Wasser auf der Stirn balancieren."
**August:** „Da bin ich einmal gespannt. Paß auf, ich helfe dir am besten. Lege den Kopf zurück, dann stelle ich das Glas auf deine Stirn."

Dummer August legt den Kopf in den Nacken, worauf der August das Glas Wasser umgedreht auf den Kopf des Dummen Augusts stellt. Dieser wird dadurch völlig naß. Nun beginnt der Dumme August jämmerlich zu weinen. In diesem Augenblick kommt der Weißclown herein.

**Weißclown**: „Was ist hier vorgefallen?"
**August:** „Der Dumme August hat mir soeben einen ganz hervorragenden Trick gezeigt, und als es klappte, fing er an, vor Begeisterung zu schreien."

August gibt dabei dem Dummen August mittels Handzeichen zu verstehen, er solle das Gleiche mit dem Weißclown machen. Sofort schlägt seine Trauer in Freude um.

**Dummer A.:** „Können Sie wie ich ein Glas Wasser auf der Stirn balancieren?"
**Weißclown:** „Kannst du es mir vorführen?"
**Dummer A.:** „Natürlich."

Der Dumme August nimmt ein neues Glas Wasser und stellt es sich wieder umgekehrt auf die Stirn. Erneut wird er völlig naß und beginnt wieder zu weinen. Alle drei verlassen daraufhin die Manege.

# ENDE

Zusätzlich zum klassischen Clowntrio gibt es andere Clownstypen, die man beim Circus finden kann:

**Der Musikclown** ist ein Meister der Musik. Er ist es, der auf umständliche Art und Weise vielerlei Instrumente spielt. Er ist auch Erfinder von ausgefallene Instrumenten. Mit seiner Musik spielt er sich in die Herzen der Zuschauer. Hier ein kleines Beispiel:

Der Musikclown kommt mit einem Stuhl, einem Notenständer, Noten und einer Flöte in die Manege. Er stellt den Stuhl und den Notenständer ab. Dann legt er die Noten auf den Ständer und verkündet mit lauter Stimme: „Concerto Grosso“. Dann setzt er sich auf den Stuhl und beginnt schrecklich falsch zu spielen. Er hört sofort wieder auf, denn er bemerkt, daß die Noten auf dem Kopf stehen. Doch anstelle davon, einfach die Noten richtig hinzustellen, stellt er sich umständlich auf den Stuhl, schaut durch seine Beine auf die Noten und spielt das Lied. Danach steigt er wieder herunter, verbeugt sich und verläßt die Manege.

**Der Pausenclown,** auch Reprisenclown genannt, kann fast alles: Seiltanzen, Jonglieren, Akrobatik usw. Seine Aufgabe besteht darin, bei größeren Umbauten die dadurch entstehenden Pausen zu füllen. Oft nehmen die Reprisenclowns Bezug auf die vorangegangene oder folgende Nummer. Vor einer Akrobatiknummer könnte zum Beispiel folgende „Reprise“ sein:

Der Pausenclown betritt die Manege und kündigt an, daß er einen Handstand auf einem Finger machen kann. Keiner glaubt es ihm. Dann schreitet er zur Tat über. Er bittet den Direktor einmal in die Manege und fordert ihn auf, ihm die Hand zu geben. Er nimmt dann den Direktor am Zeigefinger und führt ihn mit sich zum Boden, wo er nun auf dessen Finger einen Handstand vorführt. Die Verblüffung der Zuschauer und des Direktors kannst du dir ja vorstellen.

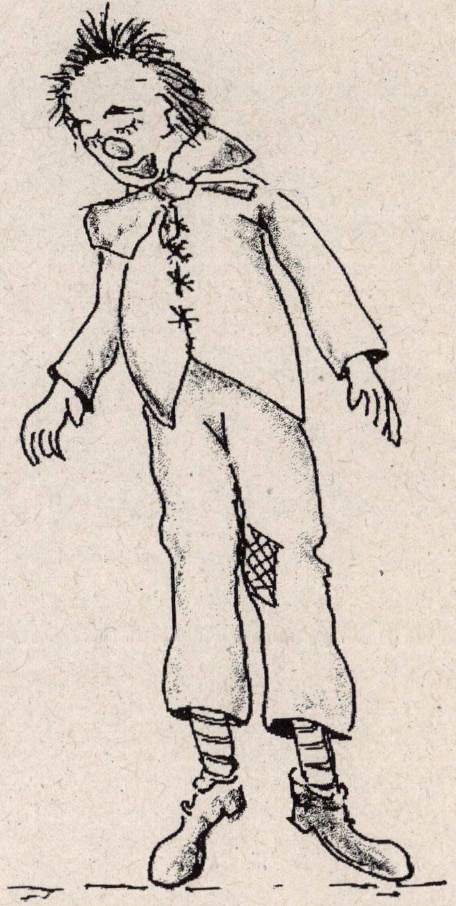

**Der Pierrot** verkörpert den verträumten, verspielten und melancholischen Clown. Er erzählt seine Geschichten ohne Worte. Er spricht die kindlichen Freuden der Zuschauer an. Er entzückt und entführt. Seine Geschichten sind einfach und simpel. Er zeigt keine schwierigen Kunststücke.

Auch hier ein kleines Beispiel:

Der Vorhang wird geöffnet, und herein fliegt eine Seifenblase. Der Pierrot folgt ihr mit einem Schmetterlingsnetz. In der Mitte der Manege fängt er sie in seinem Netz, worauf sie zerplatzt. Sofort überkommt den Pierrot große Trauer. Doch da entdeckt er noch mehr Seifenblasen, die um ihn herumfliegen. Erneut versucht er, auch diese zu fangen, was ihm natürlich nicht gelingt. Völlig verzweifelt und deprimiert sinkt er zu Boden. Fassungslos blickt er auf die Seifenblasen. Da steigt in ihm plötzlich eine Idee auf, seine traurige Mine erhellt sich, und große Freude wird in ihm wach. Er springt auf und beginnt mit seinem Zeigefinger eine Seifenblase nach der anderen zum Platzen zu bringen. Zum Schluß bleibt nur noch eine übrig. Diese schnappt er sich mit der ganzen Hand und verschlingt sie in seinem Mund. Völlig zufrieden verläßt er die Manege.

Am besten ist es natürlich, wenn du deinen ganz eigenen Clownstyp erfindest.

Manche Clowns sind auch Meister im Worte verwechseln, zum Beispiel:
„Gib das her“ wird zu „Geh zum Frisör“.
„Hochverehrtes Publikum“ wird zu „Hochverkehrtes Popolikum“.
„Kann ich dir vertrauen“ wird zu „Du willst mich verhauen“.
„Löwen dressieren“ wird zu „Möwen frisieren“.

Denke dir am besten selber Sprachspiele aus, und baue sie dann in deine Geschichte ein.

Ganz besonders viel Lacher bekommt ein Clown, wenn er über seine eigenen Beine stolpert, gegen Türen und Wände läuft oder über Requisiten fällt. In der Fachsprache nennt man das „einen Klußmann machen“.

Zur Übung dafür kannst du dir eine alte Matratze holen und sie dir zum Schutz auf den Boden legen – darauf tust du dir nicht weh. Wenn du geübter bist, kannst du deine Klußmänner auf einer Wiese probieren.

### Clownsnasen

So einfach kannst du dir deine eigene Clownsnase basteln.

**Das wird gebraucht:**
1 Tischtennisball oder
1 leerer Eierkarton
Messer
Gummiband
rote Farbe

### Die runde Nase

Schneide den Tischtennisball mit einem Messer in der Mitte auseinander. Bohre mit einem dünnen Bohrer an zwei sich gegenüberliegenden Seiten kleine Löcher. Schneide das Gummiband in die für dein Gesicht richtige Länge, und befestige es an den Ball. Male zum Schluß den Ball rot an.

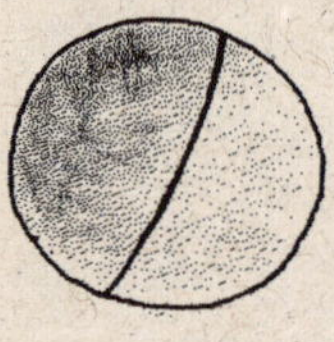

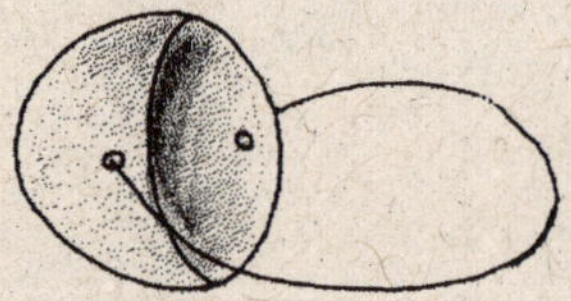

### Die eckige Nase

Schneide aus dem Eierkarton einen Behälter aus. Befolge die weiteren Schritte, wie für die runde Nase, und fertig!

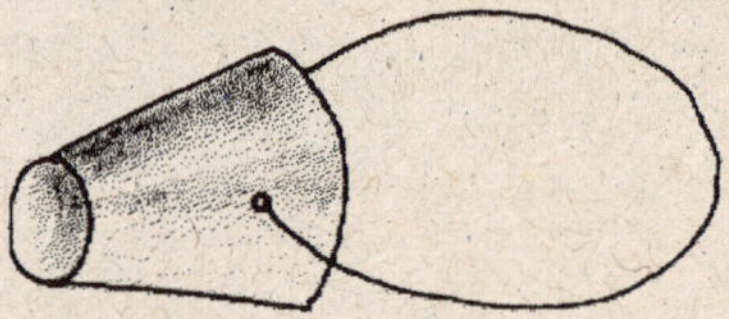

### Clownsrequisiten

Clowns haben meistens zu große oder zu kleine Sachen. In einem riesigen Koffer befindet sich ein winziges Instrument, ein gewaltiger Notenständer und ein mickriges Notenblatt. Der viel zu kleine Stuhl am riesigen Tisch oder der große Sessel vor einem winzigen Tisch läßt von vorneherein eine Komik entstehen.
Auch bei der Kostümauswahl geht es mit Gegensätzen zu: Die zu kurze Hose paßt zu den riesigen Schuhen, der winzige Hut zum übergroßen Jackett usw. Wenn ein Clown zu große Kleider trägt, hat ein anderer oft zu kleine Sachen an.

### Die Ohrfeige

Manchmal geben die Clowns sich gegenseitig Ohrfeigen. Damit es nicht wehtut, wenden sie einen ganz einfachen Trick an.

Derjenige, der geschlagen wird, klatscht seine Hände in Kniehöhe zusammen, während der andere nur so tut, als ob er ihm auf die Backe schlägt.

Für diese Nummer brauchst du natürlich zwei Akteure. Stellt euch voreinander auf, so daß ihr euch ins Gesicht schaut. Jetzt müßt ihr natürlich noch ausmachen, wer von euch schlägt, denn sonst wird's gefährlich.

Damit es echt aussieht, könnt ihr noch ein kleines Vorspiel machen:
Klatscht zuerst mit beiden Händen auf die eigenen Schenkel, danach in die Hände. Jetzt gibt der Schlagende die Ohrfeige, und der andere klatscht seine Hände in Kniehöhe zusammen. Übt zunächst langsam, und versucht, im Rhythmus zu bleiben. Mit der Zeit könnt ihr dann immer schneller werden.

**Achtung**
Niemals richtig schlagen!

Zum Schluß noch ein letztes: Egal welchen Clownstyp du spielst oder welchen Trick du zeigst, wichtig ist nur eins – daß du deine Zuschauer zum Lachen bringst.

# D – WIE DREHROLLE

Die Drehrolle, in der Fachsprache auch Diabolo genannt, ist in China als Spielzeug weit verbreitet. Du kannst damit ganz tolle Tricks vorführen. Doch zuerst mußt du dich mit der Grundtechnik vertraut machen.

Halte die beiden Stäbe ganz an den Enden fest. Lege die Drehrolle über die Schnur, und rolle sie dann auf dem Boden von rechts nach links, damit die Rolle Schwung bekommt. Wenn sie links angekommen ist, hebe die Stäbe an, damit die Rolle vom Boden wegkommt. Bringe die Rolle weiter in Schwung, indem du mit der rechten Hand leicht nach oben schlägst. Die linke Hand federt dabei lediglich leicht mit. Falls die Rolle nach vorn abneigt, kannst du sie mit der Schlaghand (rechts) zurückholen, indem du nach hinten schlägst. Die linke Seite geht dabei nach vorne. Wenn die Rolle sich nach hinten neigt, schlage nach vorne.

Für die folgenden Tricks brauchst du erst einmal viel Schwung.

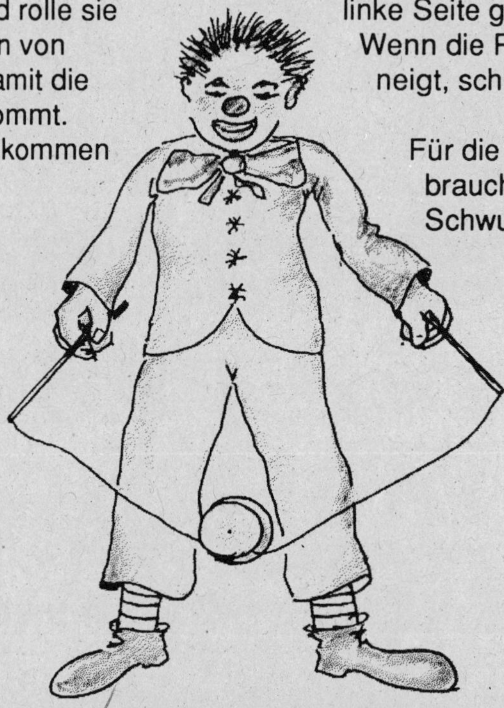

### Trick 1
### Das Hochwerfen

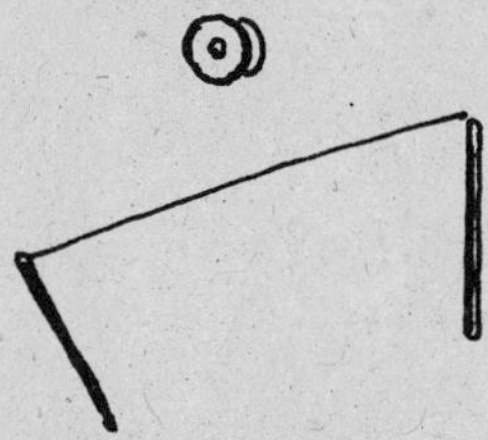

Höre für einen Moment mit dem Antreiben auf, und halte die Stäbe auf gleicher Höhe – die Rolle ist dabei in der Mitte der Schnur. Ziehe nun die beiden Stäbe gleichzeitig nach oben auseinander – die Rolle fliegt jetzt hoch in die Luft. Laß zum Auffangen die Schnur gespannt, und halte den rechten Stab so nach oben, daß du mit der Spitze des Stabes die Rolle anpeilen kannst. Federe beim Auffangen nach unten ab.

### Trick 2
### Der Fußwirbel

Halte die Stäbe so, daß die Rolle auf der linken Seite hängt. Stelle dich auf dein linkes Bein, und berühre mit dem rechten Fuß ganz sanft die Mitte der Schnur. Ziehe die Stäbe nach außen an, dann springt die Rolle auf die rechte Seite. Laß die Stäbe wieder locker, die Rolle läuft wieder nach links, und du kannst den Trick wiederholen.

### Trick 3
### Der Aufzug

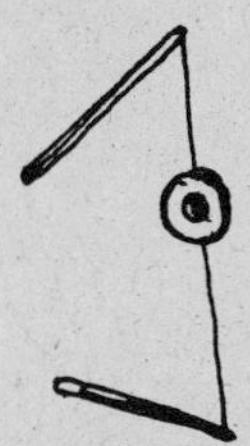

Für diesen Trick brauchst du ganz besonders viel Schwung.

Nimm den linken Stab, und halte ihn nach oben, so daß die Schnur fast senkrecht nach unten verläuft, die Rolle ist dabei unten am rechten Stab. Wickele jetzt mit dem rechten Stab die Schnur einmal um die Rolle, und ziehe dann die Stäbe kräftig auseinander. Dabei läuft die Rolle wie ein Aufzug nach oben. Wenn du die Stäbe wieder locker läßt, läuft die Rolle wieder zurück.

### Trick 4
### Das Stabrollen

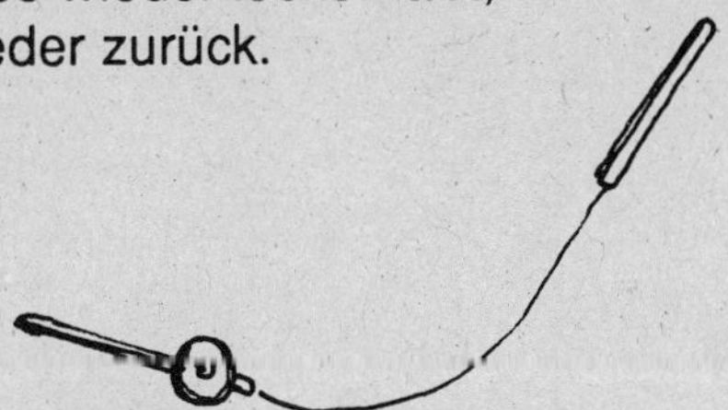

Wirf die Rolle leicht nach oben, und fange sie auf dem linken Stab auf, den du dabei schräg hältst. Die Rolle rollt nun auf dem Stab weiter. Durch Auf- und Absenken des Stabes kannst du die Rolle ausbalancieren und am Ende auf die Schnur ablassen.

# D – WIE DIREKTOR

Der Direktor ist der Chef beim Circus. Er sagt, was und wo gespielt wird. Manchmal führt er sogar durch das Programm, das heißt, er macht die Ansagen zwischen den einzelnen Nummern. Er hat dann meistens einen großen Zylinder auf dem Kopf und einen breiten, nach oben gezwirbelten Schnurrbart. Mit seiner kräftigen Stimme verkündet er dann: „Hochverehrtes Publikum" oder „Meine Damen und Herren, sehen Sie nun eine hervorragende Darbietung".

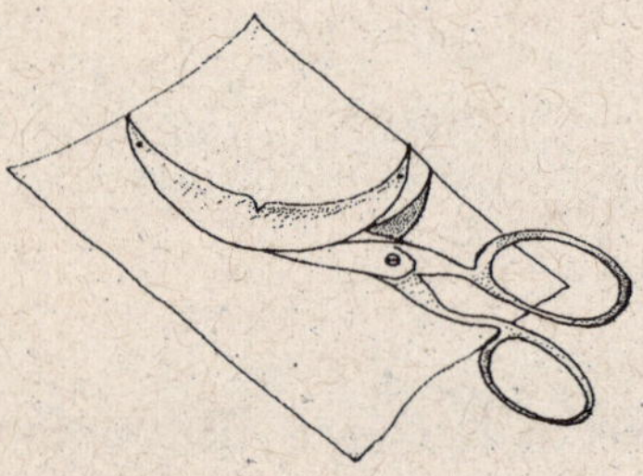

Du kannst ja in deinem Circus Direktor sein und die Ansagen machen. Besorge dir dafür einen großen Zylinder, und male auf einem Stück Karton einen Schnurrbart. Schneide den Schnurrbart aus, mache zwei Löcher links und rechts, binde einen Gummi daran und hänge ihn dir unter die Nase.

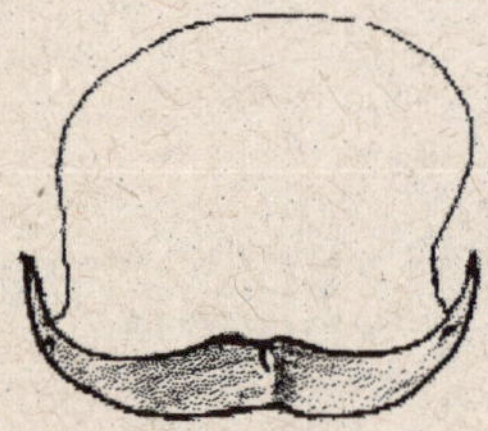

Jetzt mußt du natürlich noch die Reihenfolge der Nummern auswendig lernen, damit du reibungslos durch das Programm führen kannst.

# E – WIE EINRADFAHREN

Das Einrad ist schon ein ganz merkwürdiges Gerät. Wenn du das erste Mal eines in der Hand hast, dann denkst du bestimmt, das kann ja gar nicht klappen. Aber keine Angst, schon nach ein paar Übungsstunden wird der Erfolg sichtbar sein. Als erstes mußt du den Sattel auf die richtige Höhe einstellen. Er muß so hoch sein, daß, wenn du den Sattel unter den Po schiebst, deine Ferse bei durchgestrecktem Bein gerade noch das Pedal erreicht.

Suche dir eine Stelle zum Üben, wo du dich gut festhalten kannst (z. B. Laternenpfahl, Zaun oder Wand). Du kannst natürlich auch mit Hilfestellung üben.

### Das Aufsteigen

Das Pedal, auf das du zuerst aufsteigen willst, muß nach hinten gerichtet sein (45 Grad Winkel zum Boden). Schiebe den Sattel unter den Po, und steige dann mit dem Fußballen auf das eingestellte Pedal. Eine Hand hält sich dabei an der Hilfestellung fest, die andere bleibt während des Aufstieges am Sattel.

**Wichtig**
Nicht die Hilfestellung hält dich fest, sondern du die Hilfestellung.

Trete nun das Pedal nach hinten (immer mit dem Fußballen treten). Dabei wirst du nach oben gedrückt, und das zweite Bein kann auf das andere Pedal. Jetzt muß die Hand vom Sattel weg. Bringe die Pedale in die Horizontale, damit du nicht gleich wieder herunterfällst.

**Wichtig**
Immer aufrecht sitzen. Deine Wirbelsäule sollte die senkrechte Verlängerung der Einradgabel sein. Mit dem ganzen Gewicht auf dem Sattel sitzen.

Jetzt müßtest du eigentlich oben sitzen. Falls du schon wieder absteigen willst, denke daran, den Sattel mit der Hand wieder festzuhalten, denn sonst wird dein Einrad schnell ramponiert.

### Das Stehen

Falls du immer noch oder wieder sitzt, dann versuche nun leicht vor- und zurückzufahren (keine Umdrehung). Mit der Zeit bekommst du ein gutes und vertrautes Gefühl.

Halte dich jetzt nur noch ganz leicht an der Hilfestellung fest, verlagere dein Gewicht leicht in die Fahrtrichtung, und mache eine Umdrehung, so daß die Pedale wieder in der Horizontalen sind. Wenn es klappt, dann mache das gleiche wieder zurück.

## Das Fahren

Du bist also wieder in Startposition, hast mittlerweile das Gefühl, seit Jahren darauf zu sitzen, und willst endlich losfahren. Na gut. Verlagere dein Gewicht wieder leicht nach vorne, und fahre los. Denke immer daran, den Oberkörper aufrecht zu halten. Beim Absteigen wieder den Sattel festhalten.

**Variationen**

- Das Stehen freihändig: Durch andauerndes Vor- und Zurückfahren kannst du mit dem Einrad auf der Stelle stehen bleiben.
- Rückwärtsfahren: Beim Rückwärtsfahren ist es besonders wichtig, den Oberkörper gerade und aufrecht zu halten und leicht nach hinten zu kippen.

# F – wie Flaschenlaufen

Das Flaschenlaufen ist ein sehr selten gezeigtes Kunststück. Der berühmteste unter den Flaschenartisten war der Clown und Akrobat Auriol. Er tanzte auf 9 Flaschen, und zum Schluß warf er eine nach der anderen um, bis nur noch eine übrigblieb, auf der er dann einen Kopfstand machte. Du sollst aber zunächst – wie bei allem – klein anfangen.

**Das wird gebraucht:**
1 großes Brett, 50 cm x 50 cm
1 Teppichrest, ebenfalls 50 cm x 50 cm
2 leere Weinflaschen

Klebe als erstes den Teppichrest auf das Brett fest, damit du einen geraden und weichen Untergrund hast. Nimm nun zunächst eine Flasche, und stelle sie in die Mitte des Bretts. Stelle dich mit dem Fußballen auf die Flasche, und verlagere dein Gewicht ganz langsam darauf, so daß die Flasche nicht umkippt und du nach oben kommst. Versuche, so lange wie möglich auf der Flasche zu stehen. Wenn es klappt, stelle zwei Flaschen in einem 20 – 30 cm großen Abstand auf das Brett, und versuche nun auf beiden zu stehen. Stehe danach abwechselnd links und rechts auf einem Bein. Wenn du auch das beherrschst, dann kannst du dir noch mehr Flaschen holen und versuchen, darauf zu laufen.

Hilfestellung stellt sich dahinter auf und hält die Hüfte fest.

# F – WIE FASSLAUFEN

Hierfür benötigst du ein leeres Faß.

**Achtung**
In manchen Fässern können giftige Chemikalien gewesen sein. Bitte einen Erwachsenen, dir bei der Auswahl des Fasses zu helfen.

Suche dir zum Üben eine ebene Fläche, am besten eine Wiese. Stelle dich auf das Faß, und rolle es mit deinen Füßen. Wenn das Vorwärtslaufen klappt, versuche es einmal rückwärts. Als Höhepunkt deiner Nummer kannst du ja versuchen, auf das Faß aufzuspringen.

**Wichtig**
Oberkörper aufrecht und Augen geradeaus halten.

Hilfestellung läuft hinterher.

# G – WIE GRIMASSENSCHNEIDEN

- Versuche einmal deine Augenbrauen nach oben zu ziehen und bei geschlossenem Mund das Kinn nach unten zu drücken.

- Ziehe den Mund ganz weit auseinander, und drücke die Stirn nach unten. Die Augen werden dabei fast zugedrückt.

- Mache nun einen ganz schiefen Mund, und reiße die Augen ganz weit auf.

- Jetzt kannst du noch versuchen, mit den Zähnen zu fletschen, ein Auge ganz weit aufzureißen und das andere zu schließen.

# H – WIE HANDSTAND

Der Handstand ist eine der wichtigsten akrobatischen Übungen im Circus. Er dient als Grundlage für sehr viele Nummern.

**Folgendes ist dabei zu beachten:**

- Deine Handflächen sollten immer so auf dem Boden liegen, daß die Finger nach vorne zeigen.
- Der Abstand zwischen den Händen sollte genau so groß sein, wie deine Schultern auseinander sind.
- Strecke deinen Körper ganz nach oben, wenn du im Handstand stehst. Der ganze Körper muß dabei angespannt sein (aber nicht verkrampfen).
- Presse die Beine zusammen, und strecke die Zehen nach oben.
- Zum Üben stellst du dich am besten vor eine leere Wand und gehst so nah wie möglich mit den Händen an die Wand heran. Dadurch verhinderst du, daß du wie eine Banane aussiehst, denn der Handstand sollte so gerade wie möglich aussehen.

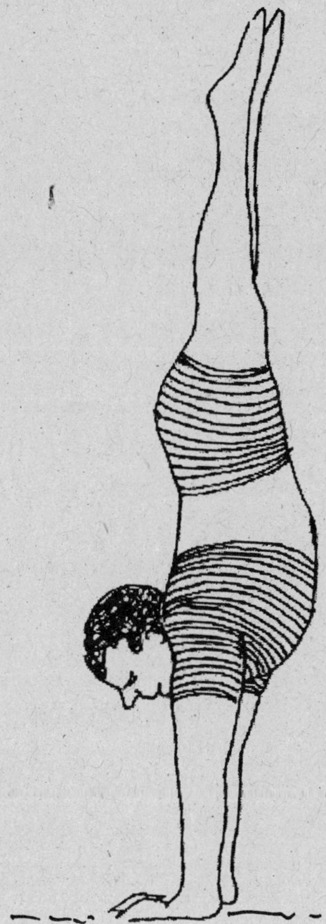

**Wichtig**

Immer auf einer ebenen Fläche üben. Lege dir am besten ein Brett auf den Boden, damit du eine gerade Unterlage hast.

# I – WIE INSTRUMENT

Immer wenn in deinem Programm spannende Momente oder Höhepunkte aufgeführt werden, solltest du diese mit einem Trommelwirbel untermalen. Hierfür eignet sich die Rassel sehr gut.

**Rassel**

**Das wird gebraucht:**
1 leere Blechdose
kleine Steine oder Körner
Klebeband

Fülle die leere Dose mit den Körnern oder Steinchen, schließe den Deckel und klebe die Dose mit dem Klebeband zu. Schon kannst du losrasseln. Wenn du willst, kannst du die Dose noch bunt anmalen.

Sobald eine Nummer fertig ist, spielt das Circusorchester einen Tusch. Jetzt fragst du bestimmt: „Was ist denn das schon wieder?" Ein Tusch ist ein musikalischer Hochruf oder Applaus mit Instrumenten. Genau das kannst du mit zusammenschlagenden Becken hervorragend machen.

**Becken**

**Das wird gebraucht:**
2 alte Topfdeckel
1 Stück Schnur

Befestige die Schnur an den beiden Deckelgriffen. Hänge dir dann die Deckel mit der Schnur um den Hals. Wenn du einen Tusch spielen möchtest, schlage die Deckel zusammen.

Ja, und dann gibt es noch das berühmte „Kammophon". Mit dem kannst du jedes Lied sehr leicht spielen.

**Kammophon**

**Das wird gebraucht:**
Ein Kamm
Butterbrotpapier

Schneide ein Stück Butterbrotpapier ab, das doppelt so groß ist wie dein Kamm. Falte es genau in der Mitte zusammen, und lege den Kamm hinein. Halte das Kammophon nun gegen deinen Mund, und summe kräftig hinein. Was du auch summst, das Kammophon wird es dir spielen.

Zum Schluß noch zwei ganz besondere Instrumente, mit denen du die Pausen wunderbar untermalen kannst.

**Wannenbaß**

**Das wird gebraucht:**
1 alte Blechwanne
1 Besenstiel
1 Stück Schnur

Mache in der Mitte der Blechwanne ein kleines Loch, so daß die Schnur gerade durchpaßt. Stecke die Schnur von unten her durch, und knote sie innen fest. Stelle jetzt die Wanne auf den Kopf und den Besenstiel senkrecht neben das Loch.

Befestige noch das andere Ende der Schnur oben am Besenstiel, dann kannst du durch Zupfen am Seil Töne erzeugen, und dein Wannenbaß klingt fast wie ein richtiger Kontrabaß. Durch Verändern der Spannung kannst du verschiedene Töne spielen.

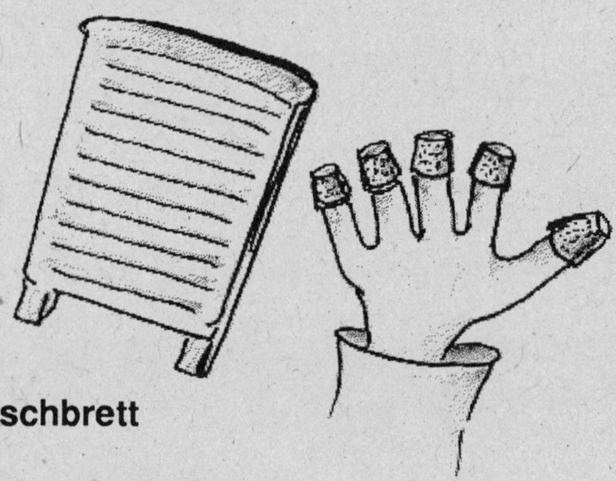

**Waschbrett**

**Das wird gebraucht:**
1 Waschbrett
5 Fingerhüte

Stülpe die 5 Fingerhüte über deine Finger. Setze dich auf einen Stuhl, und stelle das Waschbrett auf deine Knie. Schlage mit den Fingerhüten auf und ab, und begleite damit die Musik der anderen Instrumente.

# J – WIE JONGLIEREN

Von Jonglieren spricht man immer dann, wenn Gegenstände gezielt durch die Luft geworfen und wieder aufgefangen werden. Deshalb brauchst du als erstes einmal Gegenstände zum Werfen.

**Das Jonglieren mit Bällen**

**Das wird gebraucht:**
Tennisbälle
Hundebälle oder
„Beanbags" (mit Hirse gefüllte Lederbälle)

**Wichtig**
Die Bälle sollten gut in der Hand liegen, denn du mußt in einer Hand zwei halten können.

**Übung 1**

Lege erst einmal von drei Bällen zwei auf die Seite. Wirf den dritten Ball solange von einer Hand zur anderen, bis es gut klappt.

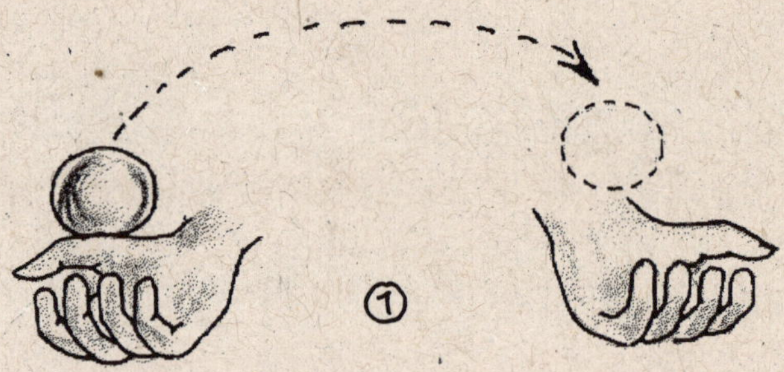


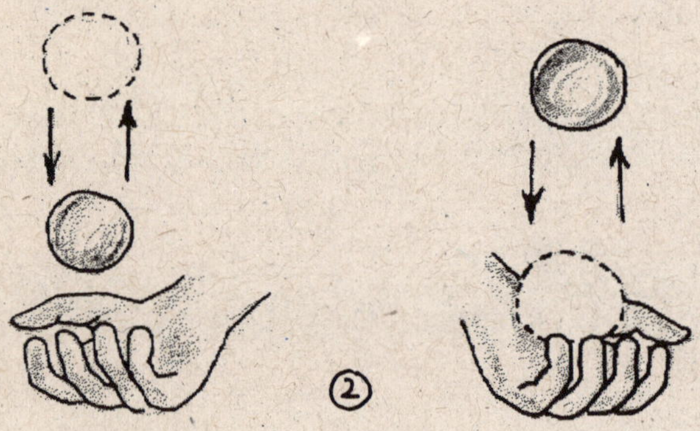


**Übung 2**

Nimm in jede Hand einen Ball, der dritte hat noch Pause. Wirf abwechselnd rechts dann links die Bälle in Kopfhöhe nach oben, und fange sie mit den gleichen Händen wieder auf.

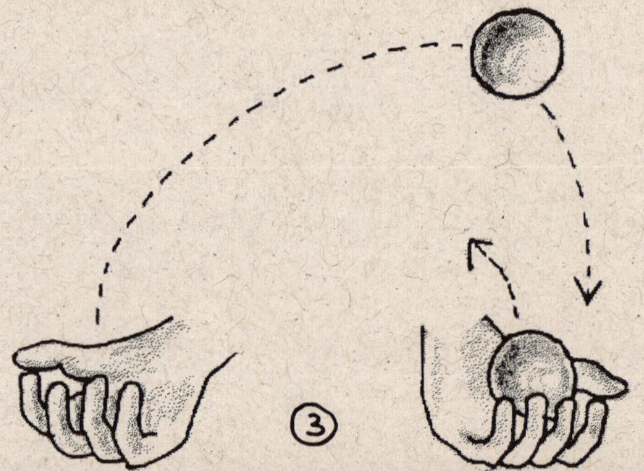


**Übung 3**

Wenn Übung 2 gut klappt, dann versuche den rechten Ball nach links und kurz bevor er ankommt, den linken nach rechts zu werfen. Auch hier sollten die Bälle in Kopfhöhe fliegen. Beginne auch mal links, dann wieder rechts usw.

**Übung 4**

Am besten machst du jetzt mal eine Pause.

**Übung 5**

Nimm nun den dritten Ball dazu, zwei in einer Hand, einen in der anderen. Beginne mit der Hand, in der du zwei Bälle hältst. Wirf den ersten der beiden Bälle ab, kurz bevor er ankommt den von der anderen Hand und kurz bevor der wiederum ankommt den dritten. Ja, und immer so weiter in der gleichen Reihenfolge. Und ob du es glaubst oder nicht, jetzt jonglierst du schon.

**Hier noch ein paar Tips:**

- Zum Üben stellst du dich am besten vor dein Bett, dann mußt du den Bällen nicht soweit nachlaufen.
- Wenn dir die Bälle zu sehr nach vorne fliegen, dann stelle dich direkt vor eine Wand.
- Versuche mit deinen Augen in die Mitte zu schauen.
- Wirf die Bälle nicht zu hoch.
- Wenn es dir mit den Bällen absolut nicht gelingt, dann versuche es mit Chiffontüchern. Die bleiben länger in der Luft, und dadurch gewinnst du mehr Zeit.

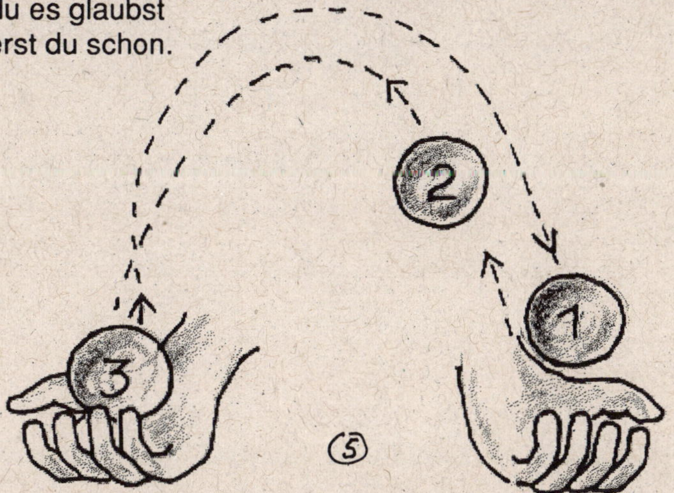

Nachdem du nun die Grundform des Jonglierens beherrschst, kannst du mit den ersten Tricks beginnen.

**Trick 1**

Versuche einmal einen Ball außenherum zu werfen, oder vielmehr über die beiden anderen drüber. Wenn es klappt, dann versuche es einmal links, dann rechts und wer weiß, vielleicht wirfst du ja sogar jeden Ball außenherum.

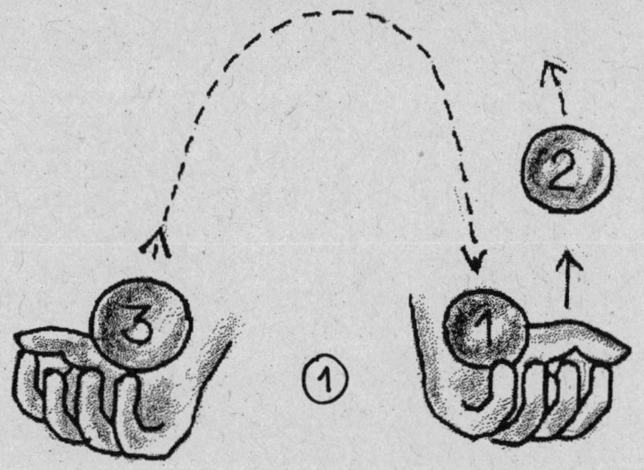


**Trick 2**

Laß einmal einen Ball auf dein Knie aufspringen, kicke ihn wieder zurück, und jongliere weiter. Auch hier kannst du versuchen, es abwechselnd links und rechts zu machen.

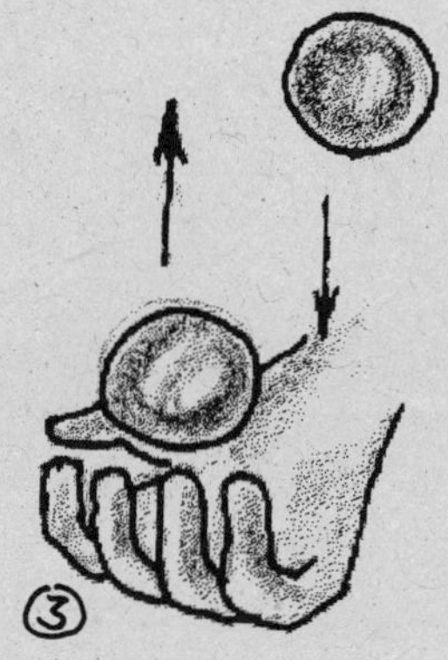


**Trick 3**

Probiere nun folgende Variation: Versuche einmal zwei Bälle mit einer Hand zu jonglieren. Nimm dabei deine andere Hand hinter den Rücken. Wirf den ersten Ball nach oben, und kurz bevor er ankommt den zweiten, und immer so weiter.

### Trick 4

Wenn du Trick 3 kannst, dann dürfte es nun kein Problem sein, diesen Trick zu machen. Wirf abwechselnd einen Ball, dann zwei, dann wieder einen, dann zwei Bälle und so weiter nach oben. Wenn es klappt, kannst du es in den normalen Jonglierrhythmus einfließen lassen.

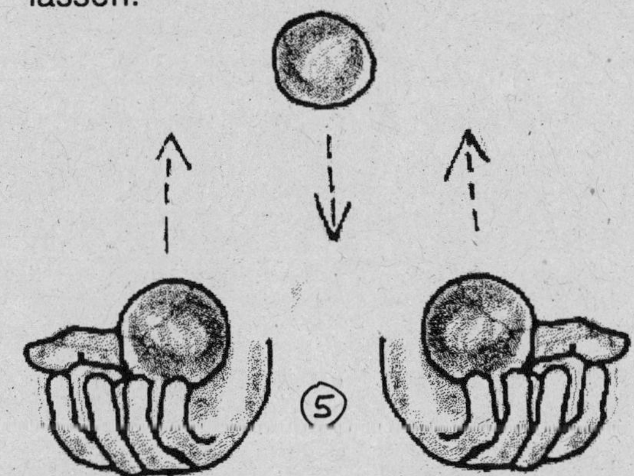


### Trick 5

Wirf während des Jonglierens einen Ball weiter nach oben, und versuche nun während des Fluges eine Drehung um deine eigene Achse zu machen, den Ball wieder aufzufangen, und weiter zu jonglieren.

### Das Jonglieren mit Ringen

Im großen und ganzen ist das Jonglieren mit Ringen nicht viel anders als mit Bällen, zumindest was die Grundtechnik anbelangt. Fange am besten wieder erst mit einem, dann mit zwei und dann mit drei Ringen an. Die Ringe hältst du wie einen Hammer und wirfst sie höher als Bälle – fast über den Kopf.

### Das Jonglieren mit Keulen

Auch hier ändert sich an der Grundtechnik nichts, jedoch solltest du auf die folgenden Punkte achten.

1. Keulen in der Mitte des Griffes anfassen mit den Daumen nach oben, wie bei einer Bratpfanne.
2. Keulen aus dem Handgelenk drehen.
3. Keulen beim Fangen nach unten abfedern.

## Die Spiegeleijonglage

Eine ganz besondere Nummer ist das Jonglieren mit einer Pfanne, einem Ei und einer Fackel.

**Tip**
Nimm zum Üben an Stelle des Eies einen Ball. Auch bei der Aufführung dieses Tricks solltest du das Ei zuvor ausblasen und mit Wasser füllen. Wenn du die Löcher im Ei mit Kerzenwachs zugießt, dann läuft nichts heraus.

Jongliere mit diesen drei Gegenständen, fange zum Schluß das Ei mit der Pfanne auf, und halte die Fackel darunter. Du kannst dich für diese Nummer als Koch verkleiden.

**Wichtig**
Deine Pfanne sollte einen langen Stiel haben, und nicht zu schwer sein, damit du sie auch gut fangen kannst.

## Die Apfeljonglage

Ganz besonders lustig ist es, wenn du mit zwei Bällen und einem Apfel jonglierst und den Apfel dabei aufißt, ohne dabei mit dem Jonglieren aufzuhören.

# K – WIE KASSE

Die Zuschauer sollten natürlich auch Karten kaufen, um in deine Vorstellung zu kommen. Dafür brauchst du eine Kasse.

**Das wird gebraucht:**
1 Pappkarton ca. 130 x 70 x 70 cm
Messer und Schere
Bleistift

Stelle den Karton aufrecht hin, und zeichne an einer Seite mit dem Bleistift ein Fenster auf. Schneide das Fenster so aus, daß es an der unteren Seite daran bleibt und du es auf- und zuklappen kannst. Das nach innen geklappte Fenster kannst du als Verkaufstheke benutzen. Jetzt mußt du die Kasse noch bunt anmalen und dir noch einen Stuhl hineinstellen. Und schon kann der Verkauf beginnen.

Die Eintrittskarten bastelst du natürlich auch selber.

# K – WIE KRAFTMENSCH

Der Kraftmensch, auch Herkules genannt, hantiert mit schweren Gewichten. Auch er sollte in deinem Programm nicht fehlen. Oder vielleicht gibt es in deinem Circus eine Herkuline. Das Wichtigste bei der ganzen Sache ist jedenfalls das Gewicht.

**Das wird gebraucht:**

1 Holzstab ca. 130 cm lang, Durchmesser 2,5 cm
2 Styropor- oder Schaumstoffblöcke
Farbe und Pinsel

Auf jeder Seite der Stange wird einer der Blöcke befestigt und mit schwarzer Farbe angestrichen. Schreibe auf jedes Gewicht eine riesige Gewichtszahl, und schon kann es losgehen.

Das Gewicht wird von den Requisiteuren mit vorgetäuschter Kraftanstrengung hereingetragen. Danach kommt der Kraftmensch in Siegerpose durch den Vorhang und stellt sich vor das Gewicht auf. Er zeigt den Zuschauern seine Muskeln und macht noch ein paar Kniebeuge. Jetzt hebt er das Gewicht mit aller Kraft (wiederum vorgetäuscht) nach oben. Über dem Kopf angelangt, kratzt er sich zu Verwunderung aller Zuschauer mit einer Hand unter der Achsel. Das Gewicht bleibt dabei unverändert in der Luft. Danach wird das Gewicht wieder abgesetzt, und der Kraftmensch verläßt die Manege wieder in Siegerpose.

# K – WIE KUGELLAUFEN

Das Kugellaufen funktioniert ähnlich, wie das Faßlaufen (siehe S. 37). Allerdings bewegt sich die Kugel, im Gegensatz zum Faß, in alle Richtungen. Deshalb sind die Beine beim Kugellaufen andauernd in Bewegung. Das heißt: Nur durch ein Tippeln von einem Bein zum anderen kannst du die Kugel unter Kontrolle halten.

**Wichtig**
Der Oberkörper bleibt aufrecht, und die Augen schauen geradeaus. Immer nach vorne abspringen.

**Variationen**
- Auf die Kugel aufspringen.
- Auf der Kugel hüpfen.
- Auf der Kugel Seilspringen.
- Auf der Kugel jonglieren.

Hilfestellung steht hinter dem übenden Kind und hält es am Anfang an den Hüften fest.

# K – WIE KOSTÜME

Hier ein paar Circuskostüme, die du als Anregung übernehmen kannst.

Direktor

Requisiteur

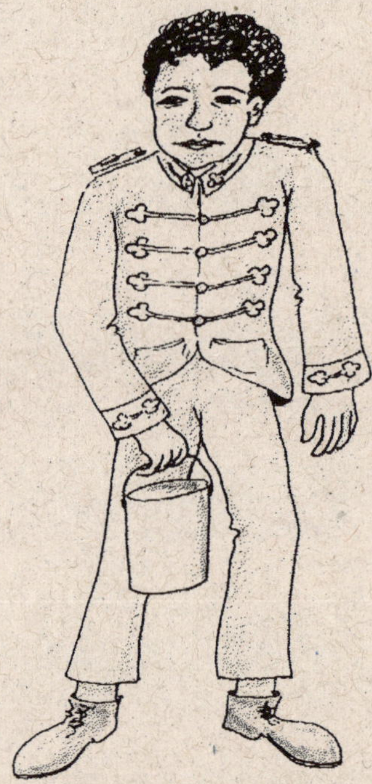

Kugelläuferin

Pferdedresseur

Fakir

Chinese

Pierrot

Zauberer

Popcorn-
verkäuferin

Löwendomteur

# L – WIE LÖWENDRESSUR

Nun wird es fast gefährlich, denn die Löwen kommen. Aber keine Angst, es werden keine echten Löwen sein, vor denen du Angst haben müßtest. Und trotzdem kannst du eine Löwennummer in deinem Programm vorstellen.

**Das wird gebraucht:**
Dicke, braune und gelbe Wolle

Binde zuerst mit der Wolle ein Ring um dein Gesicht. Schneide dann 30 bis 40 ca. 30 cm lange Stücke von der gelben und der braunen Wolle ab, und binde sie an den Ring – und zwar so, daß beide Seiten gleich lang werden. Damit wäre die Mähne des Löwen schon fertig.

Jetzt braucht der Löwe noch ein Hinterteil. Binde dazu einen Ring um deinen Bauch. Schneide nun wieder 30 bis 40 ca. 50 cm lange Stücke von der Wolle ab, und binde sie ebenfalls an den Ring. Nimm zum Schluß noch 3 Stücke, jedes ungefähr einen Meter lang, und flechte daraus einen Schwanz. Befestige diesen ebenfalls am Ring. Verknote das Ende des Schwanzes, damit er nicht aufgeht.

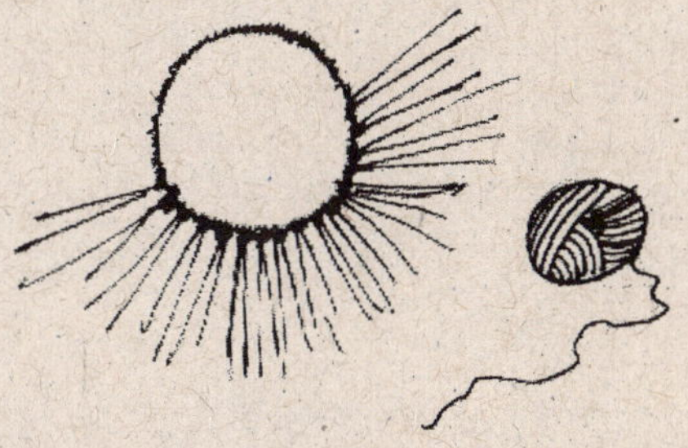

**Was die Löwen alles können**
1. Auf den Podesten sitzen und fauchen.
2. Auf ihren Hinterbeinen stehen.
3. Von Podest zu Podest springen.
4. Nebeneinander auf dem Boden rollen.
5. Durch einen Reifen springen.
6. Sich in den Mund schauen lassen.

# M – wie Musik

Die Musik spielt im Circus eine ganz wichtige Rolle. Deshalb ist es besonders toll, wenn du eine richtige Erkennungsmelodie hast, bei der jeder sofort weiß, daß dein Circus kommt.

Hier nun ein kleines Beispiel dafür: Wenn du Noten lesen kannst, dann spiele es mal, ansonsten suche jemanden, der dir helfen kann.

Auf die Linien kannst du den Namen deines Circus (Siehe S. 63) einsetzen und in der letzten Zeile deinen Wohnort.

Während deines Programmes sollte natürlich auch Musikuntermalung sein. Wenn du jemanden findest, der zu den Nummern live spielen kann, wäre das natürlich super. Nimm ansonsten die passende Musik aus dem Musikschrank.

# M – WIE MARIONETTE

Weißt du, was eine Marionette ist? Genau! Eine Puppe, die an Fäden geführt und gespielt wird. Ja, und genau das kannst du mit einer lebenden Person darstellen. Diese Nummer macht sich natürlich am besten, wenn der Marionettenspieler größer ist als die Marionette.

Nimm Gummibänder, und binde sie an den Handgelenken, den Knien und im Nacken der Marionette fest. Bastele außerdem noch ein Holzkreuz, und führe daran die Gummibänder zusammen.

Der Marionettenspieler steht auf einem Stuhl und stellt die Marionette vor sich hin. Mit einer Hand hält er das Holzkreuz, und mit der anderen bewegt er durch Ziehen der Fäden die einzelnen Köperteile der Marionette. Dazu müssen die beiden Spieler sehr gut aufeinander eingespielt sein.

**Hier noch eine kleine Präsentationsgeschichte:**

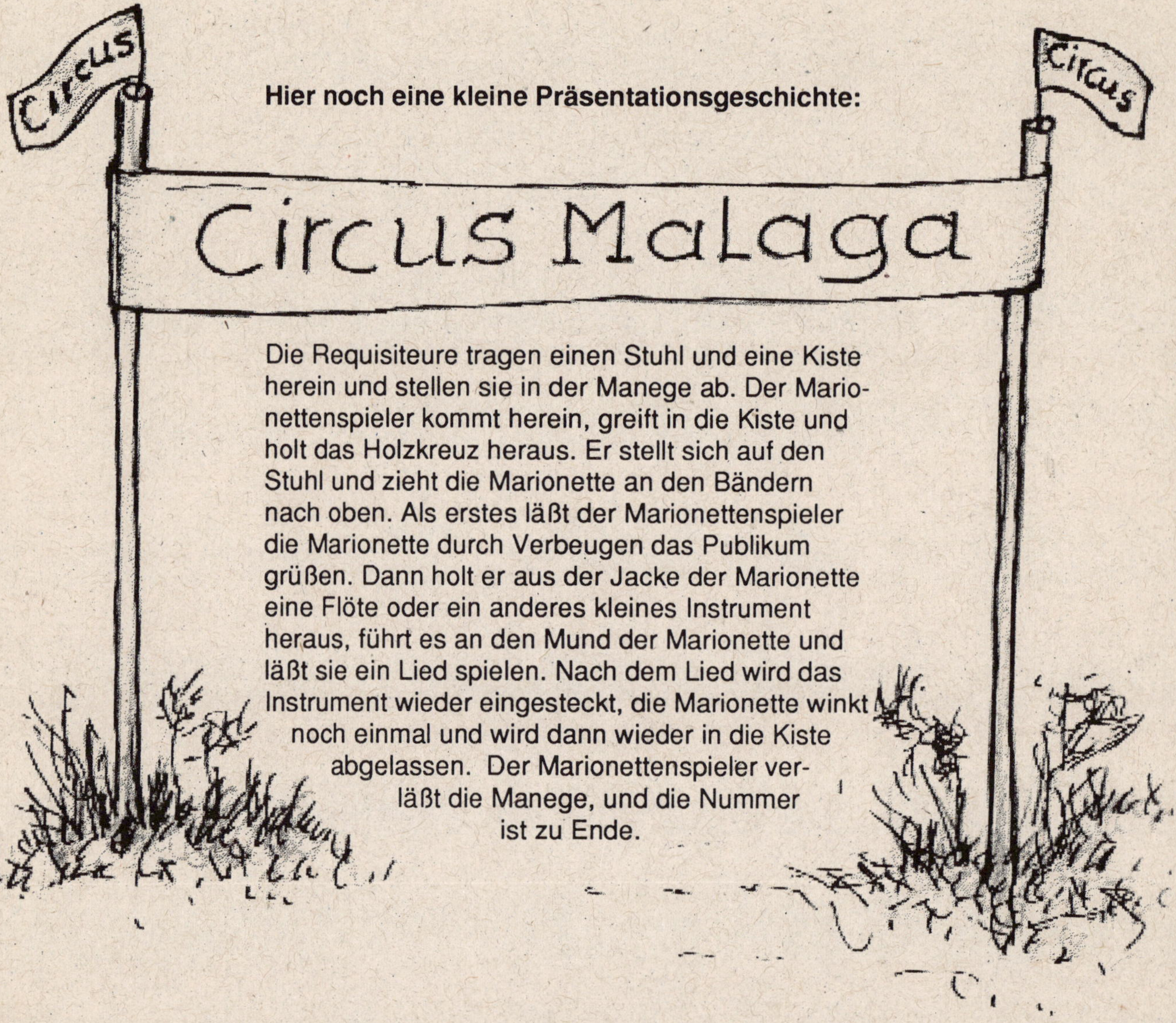


Die Requisiteure tragen einen Stuhl und eine Kiste herein und stellen sie in der Manege ab. Der Marionettenspieler kommt herein, greift in die Kiste und holt das Holzkreuz heraus. Er stellt sich auf den Stuhl und zieht die Marionette an den Bändern nach oben. Als erstes läßt der Marionettenspieler die Marionette durch Verbeugen das Publikum grüßen. Dann holt er aus der Jacke der Marionette eine Flöte oder ein anderes kleines Instrument heraus, führt es an den Mund der Marionette und läßt sie ein Lied spielen. Nach dem Lied wird das Instrument wieder eingesteckt, die Marionette winkt noch einmal und wird dann wieder in die Kiste abgelassen. Der Marionettenspieler verläßt die Manege, und die Nummer ist zu Ende.

# M – wie Manege

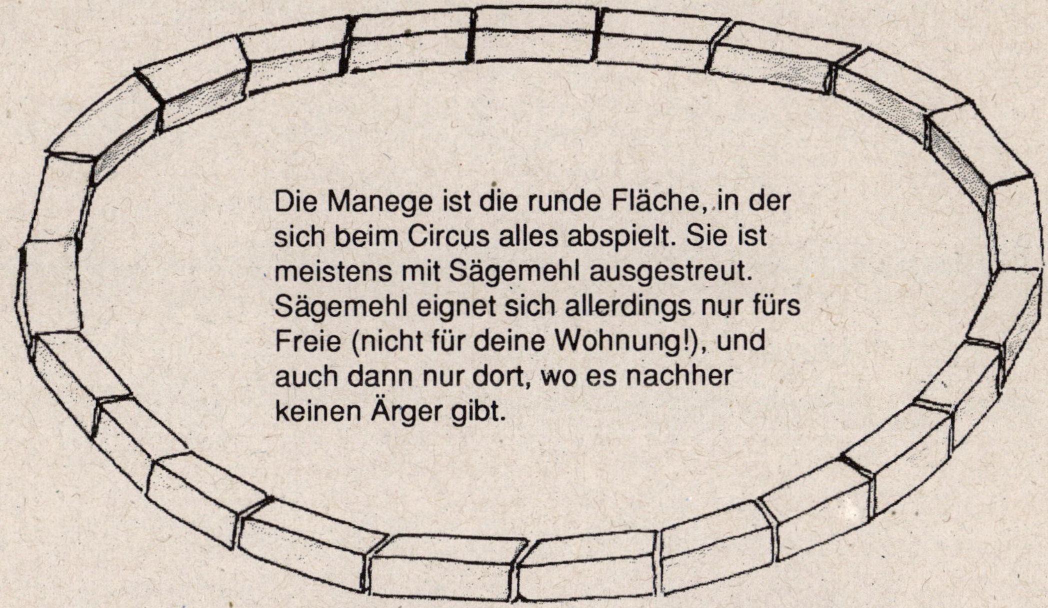

Die Manege ist die runde Fläche, in der sich beim Circus alles abspielt. Sie ist meistens mit Sägemehl ausgestreut. Sägemehl eignet sich allerdings nur fürs Freie (nicht für deine Wohnung!), und auch dann nur dort, wo es nachher keinen Ärger gibt.

Das Wichtigste bei der Manege ist die Piste. Die Piste ist die niedrige Barriere, die die Manege umgibt. Nimm dafür am besten gleich große Kisten, (Sprudel,- Wein oder Bierkisten), die du mit Stoff überziehst. Du kannst aber auch Pappkartons nehmen und sie bunt anmalen. Wenn du es noch einfacher haben willst, dann lege einfach ein Seil als Kreis auf den Boden, und schon ist die Manege fertig. Jetzt brauchst du noch den Maneigeneingang. In der Fachsprache heißt das Vorhang oder Gardine (siehe S. 82).

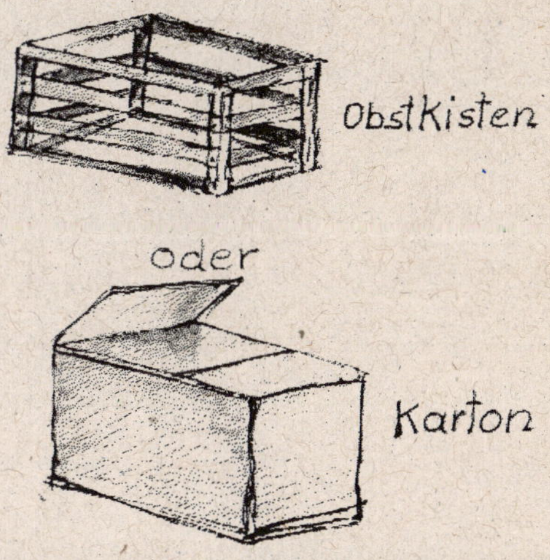

# M – WIE MANEGENTEPPICH

Der Manegenteppich, beim Circus einfach Teppich genannt, ist die Abdekkung für den Manegenboden bei akrobatischen und artistischen Darbietungen. Er dient sowohl als weiche Unterlage bei Sprüngen wie auch zur Dekoration. Früher war der Teppich aus einem filzartigen Material, heute jedoch ist er meist aus Kunstfaser.

Du kannst deinen Teppich ganz einfach machen. Nimm ein altes, helles Leintuch, und male es farbig an. Schön sehen auch Sterne oder Muster aus.

Die Requisiteure sorgen nun dafür, daß der Teppich bei den entsprechenden Nummern ausgerollt wird.

# N – WIE NAMEN

Jeder Circus hat einen Namen, deshalb solltest du dir auch für deinen Circus einen Namen ausdenken.

Toll klingen fremdartige, exotische Namen mit vielen Vokalen (z. B. Romboloni, Caladino, Pumpernella).

Manche Gemüsesorten eignen sich als Circusname (Zucchini, Peperoni).

Auch andere Eßwaren haben es in sich. Zum Beispiel Tortellini, Canneloni, Dampfnudel.

Mit ein bißchen Phantasie findest du bestimmt einen besonders guten Namen für deinen Circus.

Canneloni

Romboloni

Caladino

Pumpernella

Zucchini

Peperoni

CIRCUS

Tortellini

Dampfnudel

# O – wie Originaltrick

Im Programm sagt der Direktor manchmal vor einer Nummer:
„Und nun sehen Sie einen Originaltrick.“ Das bedeutet dann, daß der Artist sich diesen Trick selbst ausgedacht hat. Artisten sind also manchmal auch richtige Erfinder. Na, und wie sieht es mit dir aus? Vielleicht erfindest du ja auch einen Originaltrick. Wie wäre es denn mit einem Nasenstand? Oder stelle dich auf ein Bein, und schäle mit der rechten Hand eine Banane, während du mit der linken Hand eine Zeitung zerreißt. Denke dir einfach etwas Lustiges aus, und führe es in deinem Programm vor.

# P – WIE PROGRAMMHEFT

In jedem richtigen Circus gibt es ein Programmheft, aus dem man den Ablauf der Nummern ersehen kann. Man kann dort auch einiges über den Circus und seine Vergangenheit erfahren.

Du kannst ein Programmheft für deinen Circus ganz einfach erstellen.

Nimm ein Blatt Papier, und schreibe die Reihenfolge deiner Nummern darauf, und was dir sonst noch wichtig erscheint, z. B. die Namen der Mitwirkenden, wie man Mitglied deines Circus werden kann usw. Auf der Rückseite kannst du dann noch schreiben, wie dein Circus entstanden ist.

Fotokopiere soviele Zettel, wie du denkst, daß Zuschauer kommen werden, und male dann die einzelnen Blätter bunt an.

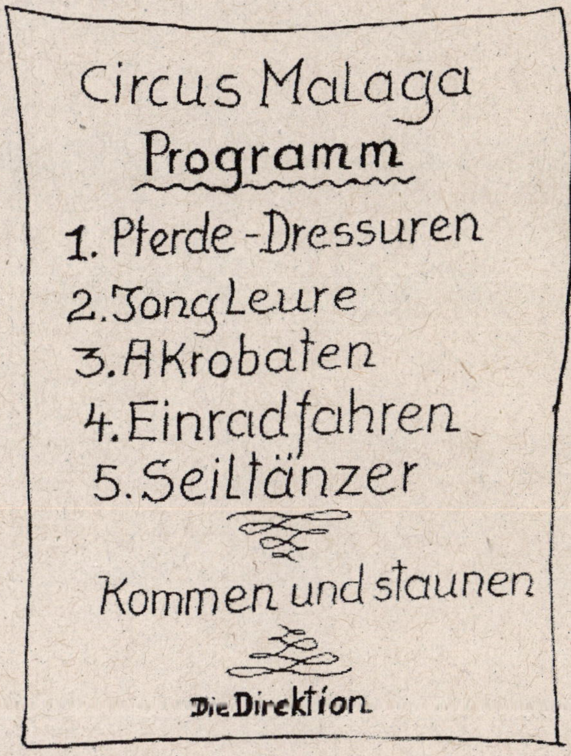


Das Programm sollst du vor der Vorstellung verteilen.

# P – WIE PFERDEDRESSUR

Eine Pferdenummer brauchst du unbedingt in deinem Programm, denn schließlich war es ja das Pferd, durch das der Circus seine runde Form erhalten hat (siehe S. 86).

Wenn du ein echtes Pferd hast, dann weißt du bestimmt Bescheid, was es alles machen kann. Aber falls du keines besitzt, kannst du dir eines aus Pappe basteln.

**Das wird gebraucht:**
2 Stück Wellpappe 1 m x 1,50 m
Klebeband, 5 cm breit
Schere
dünne Schnur
Seil
Hosenträger

Nimm zuerst eine der beiden Wellpappen, und male den Umriß eines Pferdes darauf. Schneide das Ganze aus. Lege nun das ausgeschnittene Pferd auf die zweite Pappe, und übertrage die Umrisse. Lege nun die beiden Teile passend übereinander, und klebe sie mit dem Klebeband zusammen. Laß in der Mitte oben und unten soviel offen, daß du noch durchschlüpfen kannst. Bringe nun die Hosenträger am oberen Einstieg an, und dann kannst du von unten her in das Pferd hineinschlüpfen und es dir umhängen.

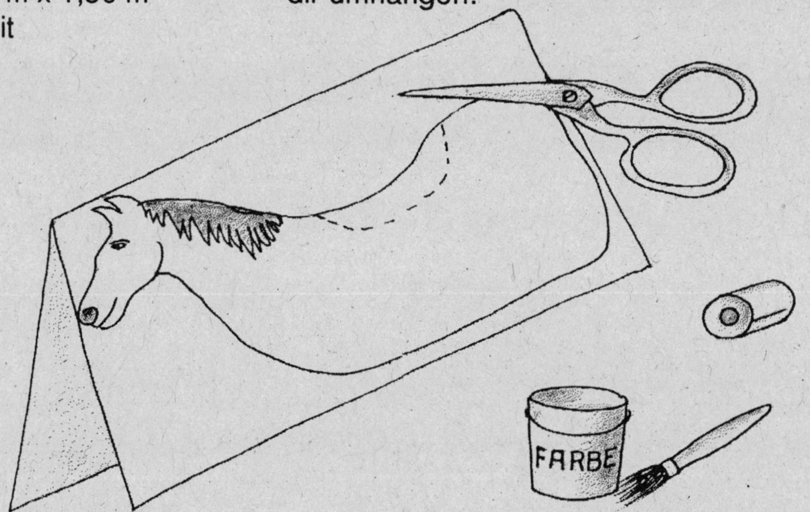

**Halt!**
Dein Pferd hat ja noch gar keinen Schwanz, und die Zügel fehlen auch noch. Ja, und außerdem sieht es noch ziemlich blaß aus. Kommando zurück!

Steig wieder raus aus deinem Pferd.
**Der Schwanz:** Nimm das Seil, wickele es auf und mache einen Schwanz daraus. Klebe den Schwanz fest. **Die Leine:** Steche im Maul des Pferdes ein kleines Loch, stecke die dünne Schnur hindurch, und verknote sie in der richtigen Länge. Male zu guter Letzt dein Pferd ganz nach eigenem Geschmack an.

Jetzt mußt du es nur noch einreiten und dressieren, damit es im Programm alles richtig macht.

**Hier ein paar Übungen:**
- Stehen auf den Hinterbeinen
- Rückwärtslaufen
- Über eine Stange springen
- Auf der Piste (siehe S. 61) laufen
- Hinlegen
- Tanzen

# P – WIE POPCORN

Zu einer richtigen Circusvorstellung gehört natürlich auch ein Popcornverkäufer. Bereite das Popcorn selbst zu.

**Das wird gebraucht:**
1 Topf mit Deckel
Popcorn-Mais
Öl bzw. Fett
Zucker oder Salz

Erhitze zuerst das Fett im Topf, und gib dann die Maiskörner dazu. Verschließe den Topf mit dem Deckel, denn der Mais springt hoch, wenn er aufplatzt. Schüttele die Pfanne hin und her, damit nichts anbrennt. Wenn es nicht mehr poppt, fülle das Popcorn in eine Schüssel, und streue Salz oder Zucker darauf, je nach deinem Geschmack. Du kannst natürlich auch zwei verschiedene Sorten anbieten. Laß das Popcorn abkühlen, und packe es in kleine Tüten.

**Die Tüte läßt sich so basteln:**
Nimm ein DIN A4-Blatt zur Hand, und falte es folgendermaßen:

- Falte eine Ecke vom Blatt zur anderen Seite.
- Falte über das entstandene Dreieck (1) das Rechteck (2).
- Falte zum Schluß noch das kleine Dreieck (3) über das Dreieck (1).

Tupfe ein wenig Alleskleber unter das Dreieck (3), und schon ist die Tüte fertig. Jetzt brauchst du nur noch „Popcorn" in bunten Farben daraufzuschreiben.

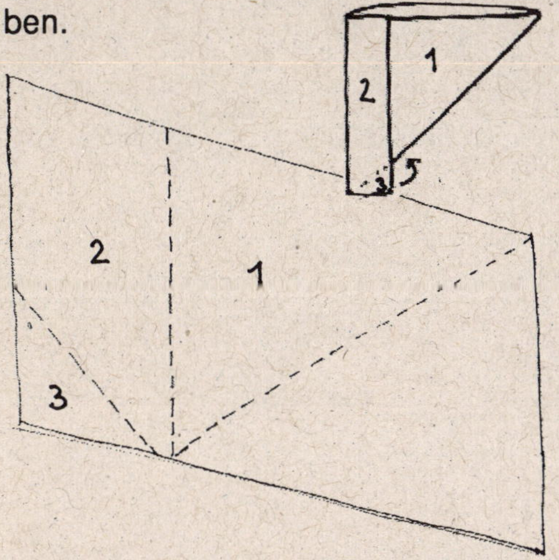


Übrigens: Du kannst ruhig eine Popcornpause in dein Programm einbauen.

Mit einem Bauchladen kannst du das Popcorn herumtragen.

**Das wird gebraucht:**
1 flacher Pappkarton
Schere
Band oder Kordel

Schneide als erstes den Karton als Bauchladen zu. Mache nun in jeder Ecke des Kartons ein Loch, und binde jeweils einen Strick oder ein Band daran. Verbinde die Bänder miteinander. Male jetzt den Bauchladen bunt an, und du wirst sehen, daß du den tollsten Popcornverkäufer abgibst.

# P – WIE PLAKAT

Für deinen Circus brauchst du natürlich auch ein Werbeplakat, denn die Menschen müssen ja erfahren, daß du eine Vorstellung gibst.

Hierfür benötigst du Papierbögen, (frage doch mal in einer Druckerei nach) und Farbe. Übrigens, je größer dein Plakat wird, desto wirksamer ist es.

**Achtung**
Nicht an Bäumen, Litfaßsäulen oder Plakatwänden aufhängen!

**Was muß auf dem Plakat stehen?**

1. Der Name deines Circus sollte gut zu lesen sein.
2. Spielort, Spieltag und die Anfangszeit deiner Vorstellung muß erkennbar sein.
3. Es wäre auch gut, wenn du noch zeigst, was es in deinem Circus alles zu sehen gibt.

Wenn du willst, daß alle Plakate gleich aussehen, solltest du dir eine Schablone anfertigen. Hole dir dafür einen Pappkarton in der Größe deines gewünschten Plakates. Male und schreibe alles darauf, was du für wichtig hältst. Das Gemalte sollte nicht zu klein sein, denn man muß es von weitem erkennen können. Schneide nun alles aus (siehe Abb.), lege den Karton auf das Plakat und male es mit Farbe aus.

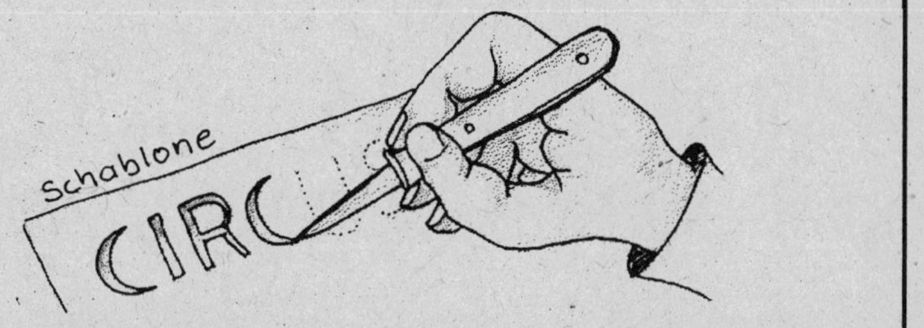

# Q – WIE QUARKSPEISE

Hole als erstes verschiedene Früchte, ganz nach deinem Geschmack, und schneide sie klein. Gib eine Packung Quark und einen Schuß Sahne in eine Schüssel und dann die Früchte dazu. Wenn du es besonders süß magst, hebe noch etwas Honig darunter. Nüsse schmecken auch gut dazu. Mische jetzt das Ganze gut durch, und die Pause kann beginnen.
Guten Appetit!

Ja, da wunderst du dich wohl, was Quarkspeise mit Circus zu tun hat. Ganz einfach! Gar nichts. Aber auch Artisten müssen einmal eine Pause machen, und Quarkspeise eignet sich dafür sehr gut.

# R – WIE ROLA ROLA

Das Rola Rola besteht aus einem Brett und einer Rolle.

Befestige an der Unterseite des Brettes zwei Stoppleisten. Als Rolle dient ein Stück von einer Teppichrolle. Die Rolle sollte so lang sein, wie dein Brett breit ist.

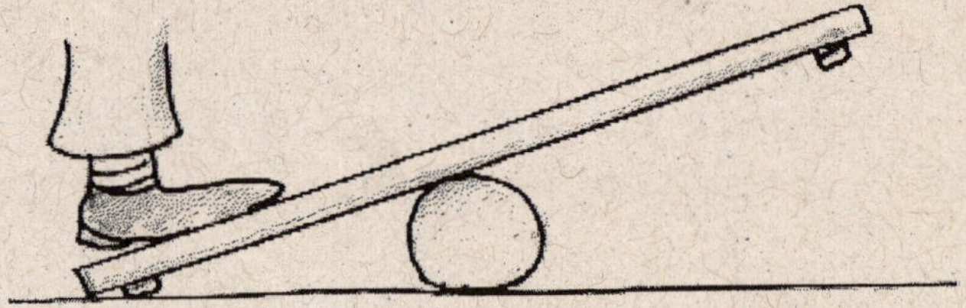

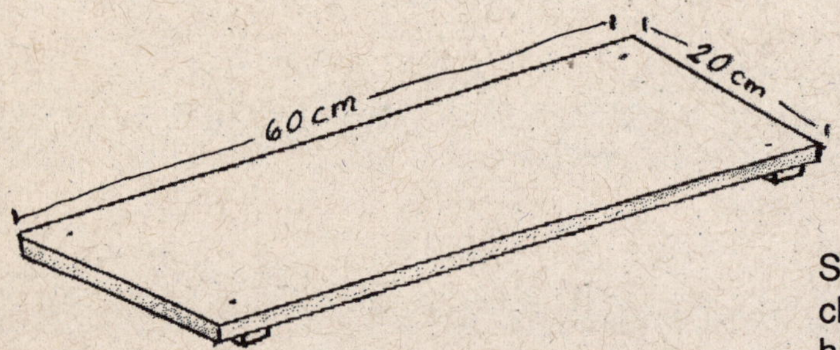

Suche dir zum Üben eine ebene Fläche. Lege die Rolle senkrecht vor dich hin und das Brett so darauf, daß eine Kante auf dem Boden aufliegt. Stelle dich nun auf das Brett, Bodenseite zuerst. Gib dem Brett jetzt einen Ruck, und versuche auf der Rolle hin- und herzuschaukeln und dabei die Balance zu halten.

**Wichtig**
Den Oberkörper aufrichten und die Augen geradeaus halten. Ausgleichsbewegungen kommen aus der Hüfte heraus.

**Weitere Tricks**

- Das Aufspringen: Lege das Brett genau in der Mitte auf die Rolle, halte es mit beiden Händen außen fest, und springe dann mit beiden Beinen gleichzeitig auf das Brett.
- Die Drehung: Versuche einmal, auf dem Brett eine halbe Drehung zu machen. Wichtig dabei ist, daß das Brett im Moment des Absprunges ganz ruhig ist.
- Mehrere Stockwerke: Besorge dir ein zweites gleichgroßes Brett und zwei Kästchen, und baue noch eine Etage darauf. Auf die gleiche Art lassen sich auch mehr Etagen bauen.

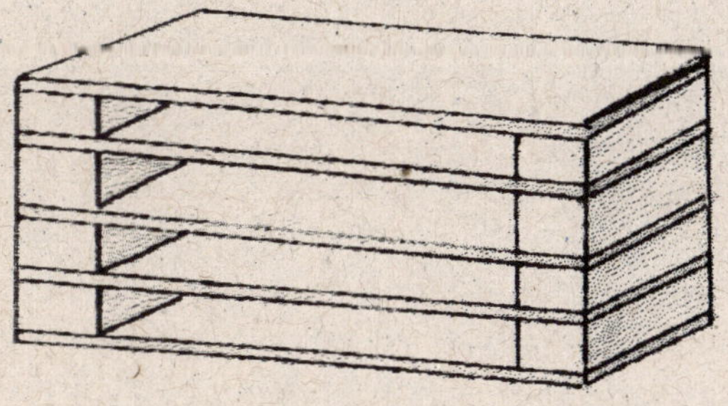

Hilfestellung steht hinter dem übenden Kind und hält es anfangs an den Hüften fest.

# R – WIE REQUISITEURE

Die Requisiteure spielen beim Circus eine ganz wichtige Rolle. Zum einen öffnen und schließen sie immer im richtigen Moment den Vorhang, das heißt, wenn eine Nummer beginnt oder endet, und zum anderen sorgen sie dafür, daß die Requisiten der Artisten herein- und herausgetragen werden. Außerdem dienen sie manchmal bei schwierigen Nummern als Hilfestellung. Die Requisiteure stehen immer vor dem Vorhang und beobachten das Spiel, damit sie jederzeit eingreifen können.

# S – WIE SEILLAUFEN

Es gibt zwei verschiedene Arten der Seillaufkunst – das gespannte Seil und das Schlappseil.

**Das gespannte Seil**

**Das wird gebraucht:**

2 alte Kisten (Bier- oder Weinkisten)
2 Anker oder Holzpflöcke 120 cm lang
1 Drahtseil, Durchmesser 1 cm, 4 – 6 m lang, mit einer Schlaufe an jeder Seite
4 Schäkel 
2 Spannschlösser 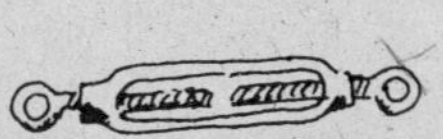
2 Stahlketten (die Glieder müssen so groß sein, daß die Schäkel durchpassen), je 1 m lang

**Aufbau des Seils**

Bringe als erstes an jeder Schlaufe des Seils einen Schäkel und ein Spannschloß an. Lege nun das Ganze ausgerollt auf den Boden, und schlage die Anker 30 cm nach dem Ende der Spannschlösser in den Boden. Damit es auch gut hält, sollten die Anker bis auf 20 cm eingeschlagen werden. Stelle jetzt die Kisten unter das Seil, winde die Ketten um die Anker und befestige sie mit beiden Seiten durch die Schäkel an dem Spannschloß, so daß eine ziemliche Spannung entsteht. Drehe bzw. schraube nun die Spannschlösser zusammen, so gut es geht, denn das Seil soll so fest gespannt sein, wie nur möglich.

**Das Laufen auf dem Seil**

Stelle dich nun mit Gymnastikschuhen auf eine der Kisten, und schaue mit den Augen zum anderen Ende des Seils. Darauf sollten deine Augen während des ganzen Seillaufens gerichtet sein. Nie nach unten schauen! Und nun geht es los. Stelle das erste Bein auf das Seil, und zwar so, daß deine ganze Fußfläche auf dem Seil steht. Setze dann das andere Bein ebenso auf, und so geht es dann immer weiter.

Übrigens: Ein kleiner Schirm in einer Hand kann eine große Hilfe sein.

**Variationen**
- Rückwärtslaufen
- Umdrehen
- Hinknien
- Seilhüpfen

Wenn du ganz sicher bist, kannst du höhere Kisten aufbauen.

Hilfestellung hält nur leicht die Hand und geht dabei nebenher.

## Das Schlappseil

Im Gegensatz zum gespannten Seil, hängt das Schlappseil – wie der Name schon sagt – schlapp durch. Der Aufbau des Schlappseils ist wesentlich einfacher als beim gespannten Seil.

**Das wird gebraucht:**

1 1,5 cm starkes und ca. 7 m langes Hanfseil

2 in ungefähr 4 m Abstand stehende Bäume

## Aufbau des Seils

Binde das Seil an den beiden Bäumen fest, und hänge es so hoch, daß du ca. 20 cm über dem Boden stehst, wenn du dich in der Mitte daraufstellst.

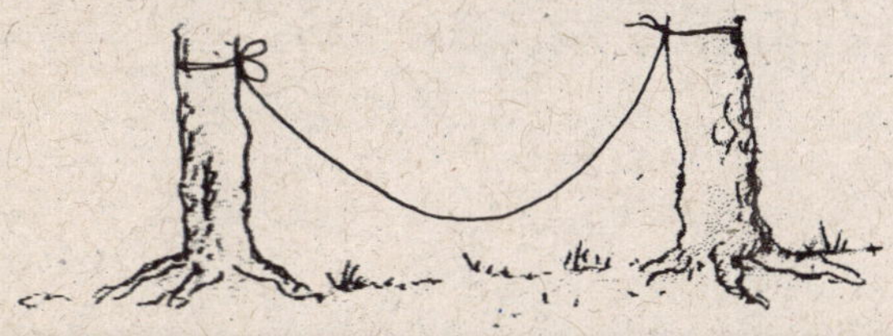

Stelle dich nun in die Mitte neben das Seil, und hebe ein Bein auf das Seil. Drücke dich durch Gewichtsverlagerung auf das aufsteigende Bein langsam nach oben. Stelle das zweite Bein auf das Seil. Wie beim gespannten Seil müssen auch hier die Füße ganz gerade nach vorne gerichtet sein. Spätestens jetzt wirst du merken, daß das Seil, im Gegensatz zum gespannten Seil, hin- und herschwingt. Um dieser Schwingung standzuhalten, mußt du die Schwingung mitmachen und versuchen, das Seil zu beruhigen, indem du nach unten wippst.

Ja, und wenn dir weder das gespannte noch das schlappe Seil behagen, dann mache doch einfach einen Kreidestrich auf dem Boden, und tue so, als würdest du in schwindelnder Höhe laufen.

# S – WIE STUHLLAUFEN

Das Stuhllaufen ist etwas für ganz Mutige. Dazu gehörst du doch bestimmt, oder?

Nimm dir einen alten aber stabilen Stuhl aus dem Keller oder vom Dachboden, und gehe damit auf die nächste Wiese. Stelle den Stuhl ab, und entferne dich ca. 2 – 3 Meter vom Stuhl. Hole tief Luft, dann gehe auf den Stuhl zu, und steige mit einem Bein auf die vordere Sitzkante und mit dem anderen auf die Rückenlehne. Gib nun dein Gewicht so nach vorne, daß der Stuhl langsam vorkippt. Bleibe nun mit beiden Beinen auf dem Stuhl, bis er unten ankommt, dann kannst du weiterlaufen.

Hilfestellung hält eine Hand und geht neben dem Stuhl mit.

# T – WIE TÜTENTRICK

Mit einer ganz normalen Plastiktüte kannst du einen super verblüffenden Trick in deinem Progamm zeigen. Das einzige, was du hier vorher können mußt, ist das Fingerschnipsen. Wenn du das noch nicht kannst, laß es dir von deinen Eltern zeigen.

**Nun zum Trick**

Nimm eine Plastiktüte, und halte sie mit dem Mittelfinger und Daumen fest, (wie beim Schnipsen), und schnalze die Finger zusammen. Die Tüte zuckt zusammen, und es sieht aus, als wäre etwas hineingefallen.

**Mit diesem Trick kannst du nun folgende Nummer aufführen:**
Trete mit der Tüte vor das Publikum, und verkünde den Besitz eines unsichtbaren Balles. Greife dazu in die leere Tüte, und hole pantomimisch einen Ball heraus. Gib diesen nun einem Zuschauer, und bitte ihn darum, den Ball in die Tüte zu werfen. Verfolge den Ball mit deinen Augen, und in dem Moment, wo er in der Tüte landet, schnipse die Tüte, wie oben beschrieben. Die Zuschauer werden verblüfft auf die Tüte blicken.

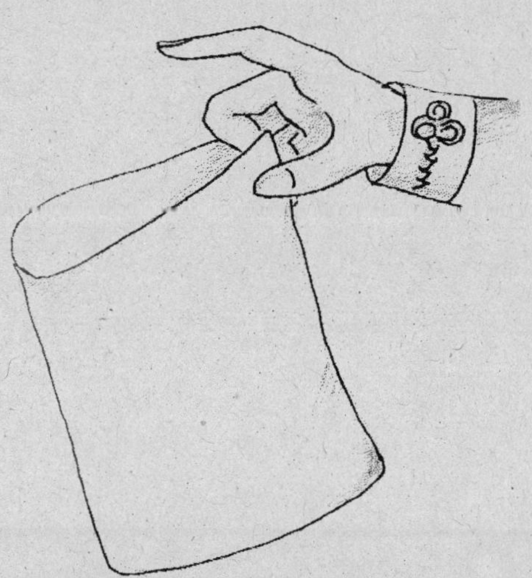

# T – WIE TELLERDREHEN

Für diesen Trick brauchst du einen Plastikteller und einen ungefähr 50 cm langen, dünnen Rundstab. Spitze den Rundstab oben leicht an, und mache beim Plastikteller auf der Rückseite in der Mitte eine kleine Vertiefung.

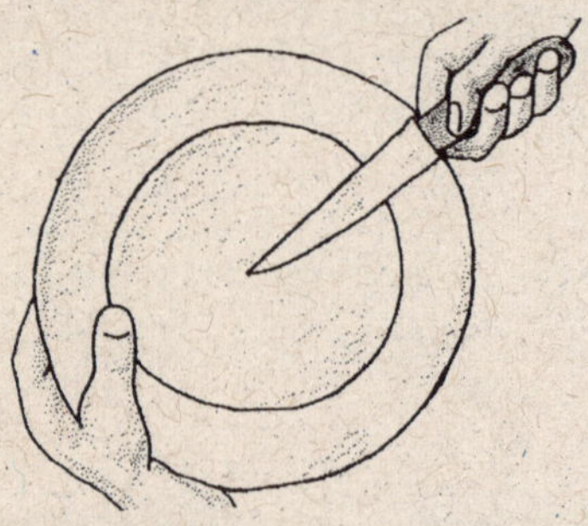

Halte nun den Rundstab in der linken Hand, setze den Teller mit der Vertiefung darauf, und drehe ihn dann mit der rechten Hand an. Um Schwung zu bekommen, kannst du ihn anschlagen – ebenfalls mit der rechten Hand.

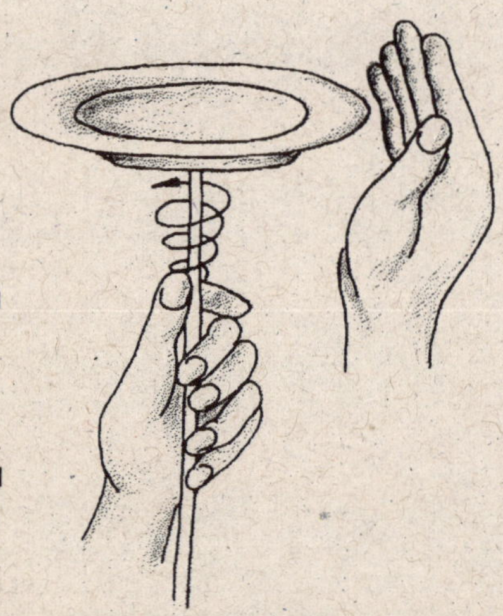

**Achtung**
Nicht zu fest, ganz sanft, sonst klappt es nicht. Und nicht aufgeben!

Wenn der Teller sich nun gut dreht, kannst du noch folgende Tricks versuchen:

**Trick 1**

Gib den Teller unter deinem Bein durch.

**Trick 2**

Wechsle den Stab in die andere Hand, und versuche ihn hinter deinem Rücken wieder in die andere Hand zu geben.

**Trick 3**

Lege dich langsam auf den Rücken, und stehe dann wieder auf.

# U – wie Umzug

Damit auch wirklich so viele wie möglich aus der Nachbarschaft und Umgebung zu deiner Vorstellung kommen, lohnt es sich, zusätzlich zu den Plakaten (siehe S. 70) einen Werbeumzug zu machen. Male zwei Plakate auf dickeren Karton, und verbinde die oberen Seiten mit zwei Bändern, so daß du sie umhängen kannst. Das Ganze nennt man Sandwich. Ziehe dir noch ein lustiges Kostüm an, gehe dann auf die Straße und kündige deine Vorstellung an.

# V – WIE VORHANG

Der Vorhang, auch Gardine genannt, ist das Wichtigste vom ganzen Bühnenbild. Sobald du durch ihn hindurchtrittst, beginnt deine Nummer.

**Der Leitervorhang**

**Das wird gebraucht:**
2 Haushaltsleitern
1 Holz- oder Metallstange, Durchmesser 2,5 cm, Länge 2 m
20 Vorhangringe, Durchmesser 6 cm
2 alte Vorhänge, je 1,50 m x 1,70 m
1 Stück Tapete
Nadel und Faden

Nähe als erstes an jeden Vorhang in gleichmäßigen Abständen je 10 Ringe an die obere Seite. Schiebe dann die Stange durch die Ringe, wobei du die beiden inneren Ringe ineinander verschränkst. Stelle die zwei Leitern so auf, daß die Stange genau dazwischen paßt. Schneide ein Stück von einer Tapetenrolle in der Länge des Vorhangs ab, male es bunt an und schreibe deinen Circusnamen darauf. Hänge das Ganze über dem Vorhang auf. Fertig ist der Manegeneingang!

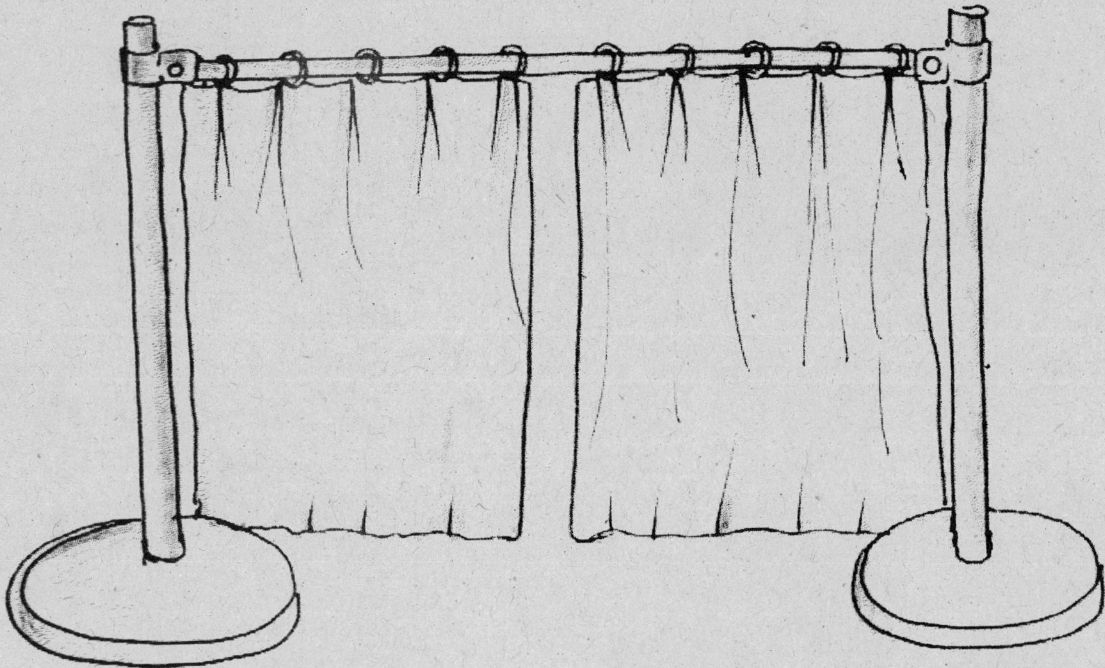

**Der Schirmständervorhang**

**Das wird gebraucht:**

2 Schirmständer
2 Eisenrohre, passend für die Schirmständer, 1,70 m lang
20 Vorhangringe
2 alte Vorhänge
1 Stück Tapete
2 Rohrschellenhalterungen
Nadel und Faden

Nähe wie bei dem Leitervorhang die Ringe an, und schiebe die Stange durch. Schraube dann die beiden Rohrschellenhalterungen an beiden Seiten der Stange fest. Stelle nun die beiden Schirmständer mit den passenden Rohren darin so auf, daß du die Stange mit dem Vorhang an den Rohrschellenhalterungen in die Ständer stecken kannst.

**Der Kartonvorhang**

Der Kartonvorhang unterscheidet sich nur in der Aufhängung von den vorigen Modellen.

**Das wird gebraucht:**

4 gleichgroße Pappkartons, mindestens 1 m hoch
1 Holz- oder Metallstange
20 Vorhangringe
2 alte Vorhänge
Nadel und Faden
doppelseitiges Klebeband

Bereite wie bei den anderen Modellen den Vorhang und die Ringe mit Stange vor.

Stelle nun die Kartons aufeinander, und klebe sie mit dem doppelseitigen Klebeband fest. Mache nun in der gewünschten Höhe auf je einer Seite der Kartons ein Loch, so daß du die Stange durchstecken kannst. Male jetzt die Kartons bunt an, und schreibe den Namen deines Circus auf die Seiten.

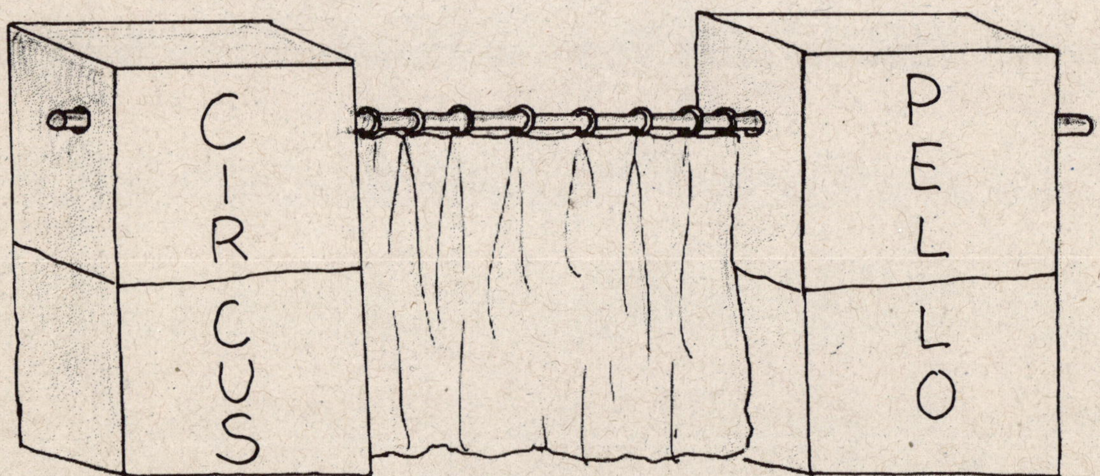

# Woher kommt der Circus?

Das Wort Circus, auch Zirkus geschrieben, bedeutet eigentlich Kreis oder Ring. Die Römer bauten große Circusarenen, wie zum Beispiel den Circus Maximus und das Kolosseum. Die Darbietungen, die darin gezeigt wurden, waren meist grausamer Art.

Im Mittelalter zogen Gaukler und Spaßmacher, Seiltänzertruppen und Quacksalber von Ort zu Ort und führten auf den Jahrmärkten und Messen ihre Kunststücke vor. Übrigens: Auch heute gibt es wieder Gaukler, die in den Fußgängerzonen ihre Kunststücke zum Besten geben.

Der Ursprung des heutigen Circus, so wie wir ihn kennen, wurde durch den englischen Kavalleriereiter **Astley** gelegt. Er war es, der mit Pferden in einer runden Arena auftrat und dazwischen allerlei Kunststükke zeigen ließ. Er war es auch, der den ersten Circusbau errichtete.

Damit der Circus in allen Städten spielen konnte, wurden große Zelte gebaut, und so entstanden die reisenden Circusunternehmen, die um die Jahrhundertwende, also vor ca. 100 Jahren, ihre Blütezeit hatten. Aber auch heute noch gibt es große Circusunternehmen, die mit ihren Zelten von Stadt zu Stadt ziehen.

# X – WIE XYLOPHON

Manche Clowns im Circus machen auf einem ganz besonderen Instrument Musik. Dieses Instrument heißt Flaschenxylophon. Es ist einfach herzustellen, denn es besteht nur aus alten Flaschen.

Nimm 6 – 10 gleiche Flaschen (Weinflaschen eignen sich besonders gut dafür). Laß eine Flasche leer, und fülle die anderen unterschiedlich mit Wasser.

Wenn du nun die Flaschen mit einem Kochlöffel oder Stock anschlägst, hat jede einen anderen Ton. Wenn du willst, kannst du mit Hilfe eines anderen Instruments deine Flaschen richtig stimmen und Lieder spielen. Aber auch ungestimmt kannst du die tollsten Töne produzieren.

# Y – WIE YO-YO

Du weißt bestimmt, was ein Yo-Yo ist. Genau! Ein Yo-Yo ist ein Geschicklichkeitsspiel. Weißt du auch, woher es kommt? Richtig! Aus Malaysia.

**Hier nun die Grundtechnik:**
Um mit dem Yo-Yo spielen zu können, machst du eine Schlinge am Ende der Schnur. Wickele nun das Yo-Yo auf, und streife die Schlinge über den Mittelfinger zwischen die ersten beiden Knöchel. Jetzt kannst du das Yo-Yo spielen, indem du es aus deiner Hand nach unten fallen läßt. Ziehe es dann leicht wieder nach oben – die Schnur wickelt sich um das Yo-Yo wieder auf und steigt wieder nach oben.

Für eine Vorstellung genügt es, wenn du das Yo-Yo gleichmäßig auf- und ablaufen läßt. Mit drei anderen Yo-Yo-Spielern kannst du eine schöne Nummer aufführen:

- Stellt euch in einer Reihe auf, und laßt dann die Yo-Yos eins nach dem anderen ab und auf.
- Jetzt beginnt der Spieler in der Mitte. Wenn sein Yo-Yo unten ankommt, lassen die beiden äußeren ihre Yo-Yos nach unten. So wechseln sie sich mit dem Mittelspieler immer ab.
- Ganz besonders schön sieht es aus, wenn ihr diese Tricks mit Leucht-Yo-Yos im Dunkeln aufführt.

# Z – WIE ZAUBERN

Ein Zauberer sollte in deinem Programm nicht fehlen. Deshalb hier ein paar einfache aber doch verblüffende Tricks.

**Trick 1**
**Nadel durch den Luftballon**

**Das wird gebraucht:**
1 Luftballon
Tesafilm
lange, dünne Stricknadel

**Vorbereitung**
Blase den Luftballon auf, und klebe an zwei gegenüberliegenden Seiten Tesafilm an. Spitze die Stricknadel vorne an.

**Vorführung**
Steche die Nadel an der Tesastelle durch, und ziehe sie auf der anderen Tesaseite heraus. Der Luftballon bleibt heil.

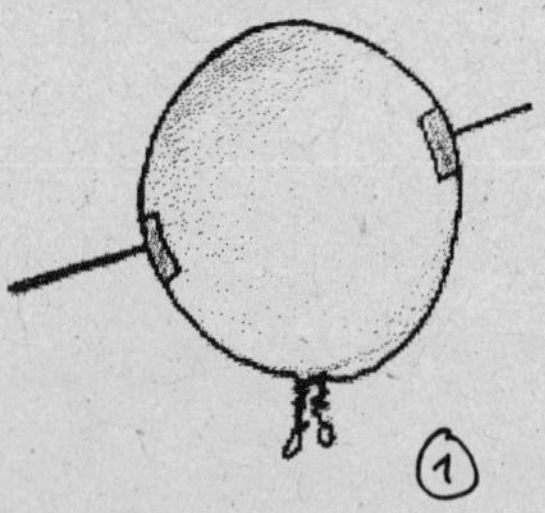

**Trick 2**
**Tischtennisball auf dem Seil**

**Das wird gebraucht:**
1 Wollseil ca 70 cm lang
ganz dünner Perlonfaden (Anglerbedarf)
Klebeband, 2 cm stark
Tischtennisball

**Vorbereitung**
Schneide ein Stück, in der Länge des Wollseils, vom Perlonfaden ab, und befestige es auf jeder Seite der Wollschnur mit dem Klebeband.

**Vorführung**
Nimm das Seil so in die Hände, daß die Daumen zwischen Perlonfaden und Seil sind. Laß dir nun den Tischtennisball auf das Seil, vielmehr auf das Seil und den Faden, legen. Durch leichtes Schwenken läuft der Ball hin und her. Da die Zuschauer den Perlonfaden nicht sehen, haben sie das Gefühl, der Ball würde auf dem Seil laufen.

**Trick 3**
**Die Zauberflasche**

**Das wird gebraucht:**
1 undurchsichtige, leere Flasche
1 Schnur, ca. 80 cm lang
1 Weinkorken

**Vorbereitung**
Scheide den Korken in der Mitte durch, und schleife ein Teil mit Schleifpapier rund, so daß er gerade durch den Flaschenhals paßt. Drücke den Korken in die Flasche hinein.

**Vorführung**
Nimm die Flasche in die Hand, und stecke die Schnur ca. 15 cm in die Flasche. Drehe die Flasche auf den Kopf, und ziehe vorsichtig an der Schnur. Der Korken klemmt nun die Schnur in der Flasche ein, und du kannst die Flasche oben an der Schnur halten. Wenn du danach unten auf die Flasche kräftig klopfst, löst sich der Korken wieder, und du kannst die Schnur wieder herausziehen.

# Z – wie Zigarrenkisten

Es geht hier darum, drei Zigarrenkisten verschiedenartig durch die Luft zu wirbeln und ihre Reihenfolge zu verändern, ohne daß eine herunterfällt.

**Das wird gebraucht:**
3 Zigarrenkisten gleicher Größe
Klebeband
Alleskleber
Filzrest

**So wird gebaut:**
Klebe mit dem Klebeband die Seiten der Kästchen ab. Schneide 6 gleiche Filzstücke in der Größe der Seitenfläche aus, und klebe auf jede Seite der drei Kästchen ein Stück auf.

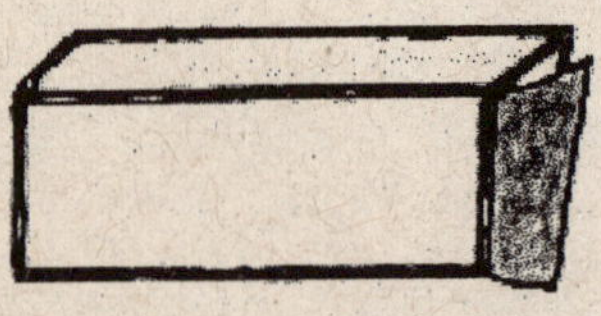

**Übung 1**

Wirf alle drei Kisten gleichzeitig als Reihe nach oben, so daß sie zusammenbleiben, und fange sie wieder in der Ausgangsposition auf.

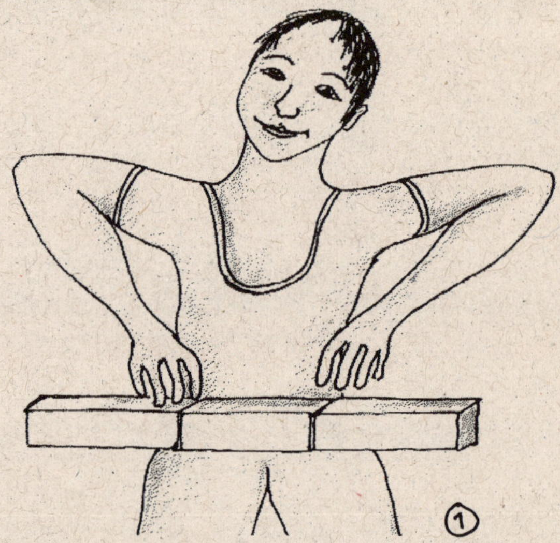

1

Übrigens: In der Fachsprache werden die Zigarrenkisten mit der englischen Bezeichnung genannt: „Cigarboxes“.

### Übung 2

Nimm eines von den äußeren Kisten schnell weg, und führe sie wieder ran. Versuche es einmal mit links, dann mit rechts.

### Übung 3

Drehe eine der äußeren Kisten um eine halbe Umdrehung nach rechts und dann wieder zurück. Versuche auch diese Übung einmal rechts, dann links.

### Übung 4

Nimm nun die Kiste aus der Mitte mit der rechten Hand, führe sie unten herum und fange dann die losgelassene Kiste wieder auf. Auch diese Übung kannst du mit links machen.

**Susan Butler**
**Das alternative Spielebuch für Kinder**
Best.-Nr. 16156 • 96 Seiten

Dieses Spielebuch ist deshalb alternativ, weil erstens die Spiele so gespielt werden können, daß es keinen Verlierer gibt, und zweitens, es aus Original Umweltschutzpapier hergestellt ist.

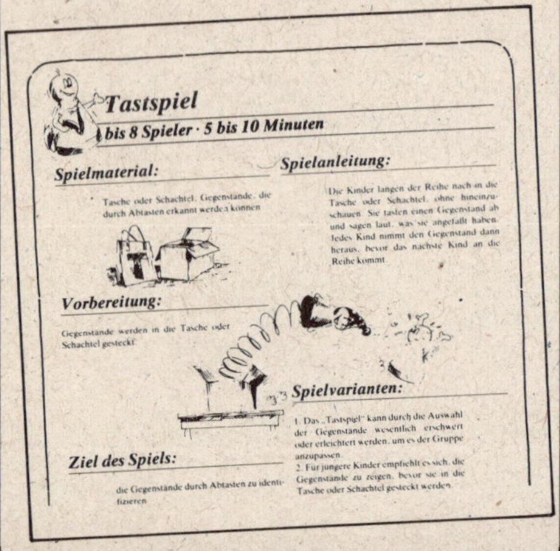

**Angela Zeidler-Frész**
**Kinderfeste — einfach und lustig**
Best.-Nr. 16155 • 96 Seiten

„Eine Kinderparty muß kein Streß sein oder viel Geld kosten!" Unter diesem Motto gibt dieses Buch Anregungen, wie Eltern mit Kindern gemeinsam mit viel Spaß und Freude das Kinderfest aktiv & kreativ vorbereiten und durchführen können.

**Esther Kugler**
**Spiel und Spaß mit Kleinkindern**
Best.-Nr. 16160 • 96 Seiten

Spielen, basteln, malen, pflanzen, backen ... So viele verschiedene Ideen auf einmal gibt es selten! Als Erzieherin schöpft Frau Kugler aus ihrer Erfahrung mit Kindern im Vorschulalter und bietet in diesem Buch zahlreiche Anregungen, wie sich Eltern sinnvoll mit ihren Kindern beschäftigen können.

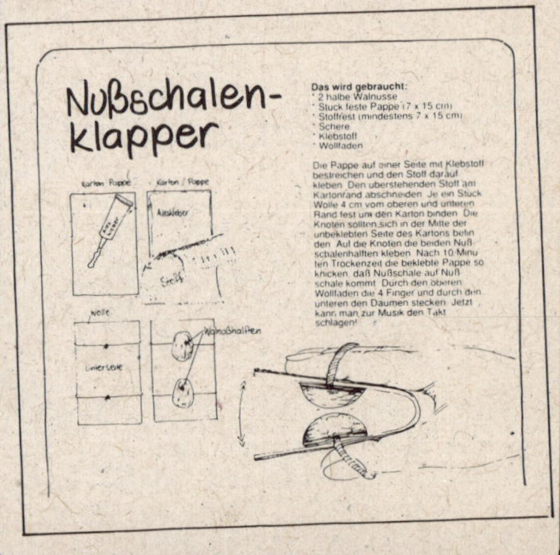